Martin Wedau
Alles über Berlin

Zahlen Daten Fakten

ALLES ÜBER

BERLIN

ERSTAUNLICHES & KURIOSES

Martin Wedau

KOMET

Abbildungsnachweis

© S. 41, 145, 173 Michael Kolle; S. 9 Manfred Rathmann – Fotolia.com; S. 19 eka – Fotolia.com; S. 31 Ralf Koss; S. 51 York – Fotolia.com; S. 61 Hans-Joachim Steiner – Fotolia.com; S. 69 Bertrand Benoit – Fotolia.com; S. 81 darknightsky – Fotolia.com; S. 91 Ohrauge – Fotolia.com; S. 99 fux – Fotolia.com; S. 109 Volkmar Gorke – Fotolia.com; S. 119 simaba – Fotolia.com; S. 129 Lucky Dragon – Fotolia.com; S. 139 Roman Kadler – Fotolia.com; S. 155 Alexander Kante – Fotolia.com; S. 163 Traveler – Fotolia.com; S. 183 Esther Hildebrandt – Fotolia.com

www.komet-verlag.de
Autor: Martin Wedau
Gesamtherstellung: KOMET Verlag GmbH, Köln
Printed in Germany
ISBN 978-3-89836-785-1

Liebe Leserinnen und Leser,

Berlin ist in jeder Hinsicht unerschöpflich. So viele Jahre sind der Ost- und Westteil nun wieder vereint und noch immer ist die Stadt dabei, sich selbst als europäische Metropole zu entdecken und die eigenen Möglichkeiten zu erkunden. Die deutsche Politik hat ihren Platz in Berlin längst eingenommen, und auch in Kultur und Wissenschaft wirkt die Stadt immer mehr als jenes geistige Zentrum, das es in den 1920er-Jahren schon einmal gewesen ist.

Mehr als in jeder anderen Stadt wird in Berlin deutsche Geschichte konzentriert sichtbar. Da ist das preußisch geprägte Berlin des Brandenburger Tors, Französischen Doms und der klassizistischen Bauten von Karl Friedrich Schinkel. Gedenkstätten erinnern an die Opfer von Herrschaft und Gewalt, und in den Straßen begegnet man noch immer den Spuren von Berlins Teilung.

Doch neben Historie, Politik, Kunst und Kultur gehört auch das Nachtleben ohne Sperrstunde zu Berlin wie das Sonnenbad am Wannsee oder das Menü im Edelrestaurant. Berlin ist eine der attraktivsten Städte Europas geworden. Nicht nur die unzähligen Touristen wissen das. Von überall her zieht es die Menschen auch dauerhaft in die Stadt, um dort ihr Glück und den Erfolg zu suchen.

Mit all dem beschäftigen wir uns in diesem Buch – auf etwas andere Art. Wir stellen Wichtiges und Bedeutsames neben Kurioses und Alltägliches. So ergeben sich ungewohnte Zusammenhänge und überraschende Einsichten. Das Buch versammelt Geschichten und Anekdoten über Stadt und Leute, mischt dazu eine Auswahl knallharter Fakten und würzt das Ganze mit zahlreichen wissenswerten Details – alle und alles über Berlin.

Wenn Sie beim Lesen dieses Buches erstaunt sind, nachdenklich werden oder lächeln müssen – dann haben wir unser Ziel erreicht.

Berlin, Deutschland

Gross: In der brandenburgischen Tiefebene befindet sich Berlin in einem eiszeitlichen Urstromtal, umgeben von einer Grundmoränenlandschaft. Berlin wird von der Havel, der Spree und der Panke durchflossen. Große Parks wie Tiergarten und Treptower Park sind ehemalige Spreeauenwälder. Der Müggelsberg ist mit 115 Metern die höchste Erhebung. Die erste urkundliche Erwähnung des Dorfes Berlin stammt aus dem Jahr 1244. Später eingemeindete Orte werden urkundlich zum Teil früher erwähnt. Berlin hat etwa 3,4 Millionen Einwohner und ist die Hauptstadt von Deutschland.

Klein: Im Landkreis Segeberg in Schleswig-Holstein liegt zwischen Kiel und Lübeck das etwa 500 Einwohner zählende Dorf Berlin. Im Zuge der Weimarer Gemeindereform wurde es 1927 von der Gemeinde Seedorf eingemeindet. Gegründet wurde dieses Berlin 1215 vom Fürsten Berolin. Auch in Berlin, Schleswig-Holstein, gibt es einen Kurfürstendamm, eine Wilmersdorfer Straße, einen Potsdamer Platz und einen Weg namens Unter den Linden.

Am kleinsten: Im brandenburgischen Landkreis Ostprignitz-Ruppin befindet sich Berlinchen, ein Ortsteil der Stadt Wittstock/Dosse. Noch bis 2003 bildete der Ort eine eigene Gemeinde. Unmittelbar westlich der Ortschaft erstreckt sich der Berlinchener See. Berlinchen hat etwa 300 Einwohner. Erstmals urkundlich erwähnt wurde der Ort 1274 als „minoris Berlin“. 1431 erfolgte eine Erwähnung als „lutteken berlyn“ und 1574 als „Berlinichen“. Der Zusatz „minoris“ bzw. „lutteken“ war erforderlich, da es in der Nachbarschaft den Ort Groß Berlin gab, der heute nicht mehr existiert.

Berliner (Aus-)Masse

Geografische Lage des Berliner Rathauses	52° 31' 12" nördliche Breite, 13° 24' 36" östliche Länge
Ortszeit	6 Min. 22 Sek. hinter MEZ
Länge der Stadtgrenze	234 km
Größte Ausdehnung Ost–West	45 km
Größte Ausdehnung Nord–Süd	38 km
Stadtgebietsfläche	892 km²
Höhe über dem Meeresspiegel	Minimum 30 m Maximum 115 m
Größter See	Großer Müggelsee (743,3 ha)
Längster Fluss im Stadtgebiet	Spree (45,1 km)
Längster Kanal im Stadtgebiet	Teltowkanal (29,1 km)
Höchste natürliche Bodenerhebung	Müggelberge (115 m)
Höchstes Bauwerk	Fernsehturm (368 m)
Höchstes Gebäude (Dachhöhe)	Treptowers (125 m)
Öffentliches Straßennetz	5 343,2 km
U-Bahn-Linienlänge	144,9 km
S-Bahn-Linienlänge	331,5 km
Straßenbahn-Linienlänge	187,7 km

Flächennutzung

Flächenart	Fläche (km²)	Anteil (%)
Gebäude- und Freifläche	363	40,6
Waldfläche	161	18,0
Verkehrsfläche	136	15,2
Erholungsfläche	103	11,5
Wasserfläche	60	6,7
Landwirtschaftsfläche	43	4,9
Betriebsfläche	8	1,0
Flächen anderer Nutzung	18	2,1

Berliner Bezirke

Seit der Bezirksreform im Jahr 2001 besteht Berlin aus zwölf Bezirken:

	Einwohner	Fläche in km²
Charlottenburg-Wilmersdorf	316 688	64,72
Friedrichshain-Kreuzberg	267 901	20,16
Lichtenberg	257 898	52,29
Marzahn-Hellersdorf	249 347	61,74
Mitte	328 137	39,47
Neukölln	306 130	44,93
Pankow	362 824	103,01
Reinickendorf	241. 882	89,46
Spandau	223 797	91,91
Steglitz-Zehlendorf	290 000	102,50
Tempelhof-Schöneberg	332 082	53,09
Treptow-Köpenick	237 327	168,42

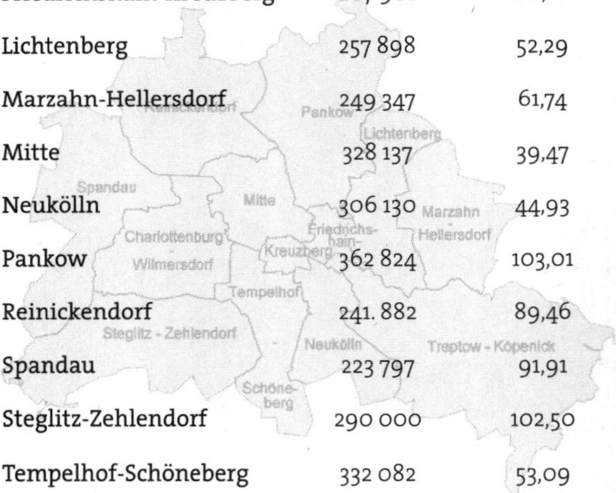

Stand: 10/2007

Die Berliner Bezirke zeigen Flagge

Berliner Stadtbezirkswappen im Jahr 1989 –
vor der deutschen Wiedervereinigung schmückte die dreitürmige Mauerkrone nur die Wappen der Bezirke in West-Berlin

Herkunft und Bedeutung einiger Ortsnamen

Der Name **Berlin** ist slawischen Ursprungs. Der Wortstamm „brl-" entstammt dem Polabischen. Polabisch nennt man die Sprache der westslawischen Stämme, die seit dem 7. Jahrhundert Gebiete des heutigen Nordostdeutschlands und Nordwestpolens besiedelten. Der Wortstamm „brl-" bedeutet sumpfiges, feuchtes Gelände. Wahrscheinlich übernahmen die ersten deutschen Siedler den schon bestehenden Flurnamen für ihren neu gegründeten Ort.

Spandau hieß bis ins Jahr 1878 Spandow und wurde nach der Burganlage bezeichnet, um die der Ort entstanden ist.

Der Name **Charlottenburg** rührt von dem gleichnamigen Schloss her, das König Friedrich I. (1688–1713) ab 1695 für seine Ehefrau Sophie Charlotte als Sommerresidenz errichten ließ.

Friedrichshain erhielt seinen Namen nach dem 1848 eröffneten Volkspark Friedrichshain, der wiederum anlässlich des 100. Jahrestages der Thronbesteigung von König Friedrich II. (1740–1786) zu dessen Ehrung nach ihm benannt wurde.

Schöneberg erhielt seinen Namen wahrscheinlich nach seiner erhöhten Lage. Erstmals erwähnt wird es 1264 als „sconenberch".

Kreuzberg hieß bis September 1921 zunächst Hallesches Tor. Der heutige Name geht auf den 66 Meter hohen Kreuzberg im Viktoriapark zurück. Dieser erhielt 1815 seinen Namen, nachdem dort das Nationaldenkmal für die Befreiungskriege errichtet wurde, eine kreuztragende Viktoria.

Pankow erhielt seinen Namen vom kleinen Fluss Panke, dessen Name polabischen Ursprungs ist und Büschel oder Knospe bedeutet.

Der Name **Köpenick** ist slawischen Ursprungs und leitet sich aus „kopa“ für Erdhügel ab.

Auch der Name **Marzahn** ist auf ein slawisches Wort zurückzuführen. „Marcana“ bedeutet Ort an einem Sumpf.

Der Name **Reinickendorf**, das im Mittelalter als „Reynkendorp“ urkundlich erwähnt wird, geht vermutlich auf den Ortsgründer Reinhard zurück.

Wedding leitet sich ab vom Namen des askanischen Burgherren Rudolfus de Weddinge. Er besaß an dem Flüsschen Panke einen Hof und eine Mühle.

Berlin hat …

1 419 200 zugelassene Fahrzeuge

ca. 417 000 Straßenbäume

106 424 Unternehmen mit mindestens 17 500 Euro steuerbarem Umsatz aus dem Jahr 2004

78 415 Betriebe mit mindestens einem sozialversicherungspflichtigen Angestellten im Jahr 2004

6 165 Kleingärten

ca. 9 000 Restaurants, Imbisse, Cafés und Eisdielen

1 850 Sportvereine

1 844 Kinderspielplätze

ca. 1 250 Schankwirtschaften, Bars und Diskotheken

1 294 öffentliche und private allgemeinbildende Schulen

436 Rinder in landwirtschaftlichen Betrieben

ca. 290 Tankstellen

279 Filmtheater

mehr als 175 Museen

149 Sitze im Abgeordnetenhaus

an die 100 Theater

95 Ortsteile

22 Taxischulen

20 Gerichte

12 Bezirke

10 Häfen

6 Kasernen

4 Stimmen im Bundesrat

1 Denkmal für die deutsche Brieftaube

Quellen: Amt für Statistik Berlin-Brandenburg, Senatsverwaltung für Wirtschaft, Technologie und Frauen; Stand: 2004–07

Die Berline

Die Berline ist eine Kutsche des 17. und 18. Jahrhunderts. Angeblich wurde der viersitzige und voll durchgefederte Reisewagen von einem Baumeister des Kurfürsten von Brandenburg zuerst in Berlin hergestellt. Allerdings gibt es Hinweise, dass der Wagen davor schon in Frankreich gebaut wurde. Die Berline wurde Anfang des 18. Jahrhunderts zum Landauer weiterentwickelt. Von der Berline unterscheidet sich der Landauer durch sein klappbares Verdeck.

Berlin wird Kitchener – Stadtnamen sind mehr als Schall und Rauch

Kitchener befindet sich in Ontario, Kanada, und hat etwa 205 000 Einwohner. Im Lauf des 19. Jahrhunderts ließen sich dort und in der umgebenden Region zahlreiche deutsche Aussiedler nieder. Die meisten von ihnen waren mennonitischen Glaubens. Bis 1833 hieß der stetig wachsende Ort Sand Hills; dann sorgten die zahlreichen deutschen Immigranten dafür, dass er in Berlin umbenannt wurde. Nach Beginn des Ersten Weltkriegs wollten sich die Einwohner allerdings vom Kriegsfeind Deutschland distanzieren. So wurde Berlin im Jahr 1916 nach Herbert Kitchener, dem 1. Earl Kitchener of Karthoum, in Kitchener umbenannt. Mit dem größten Oktoberfest außerhalb Deutschlands und dem wöchentlichen „German market“ sind deutsche Traditionen in der Alltagskultur Kitcheners noch heute lebendig.

Berliner Zivilisationsgeschichte

Um **9000 v. Chr.** Renntierjägerstation am Tegeler Fließ.

Um **3000 v. Chr.** Nachweise für eine sesshafte bäuerliche Kultur.

Seit **500 v. Chr.** siedeln germanische Stämme in der Region.

Um **50** leben in Einzelgehöften auf dem Gebiet des späteren Berlins die Semnonen, ein Volksstamm der westgermanischen Sweben.

Ab **150** ist der Berliner Raum Durchzugsgebiet für verschiedene germanische Stämme, die von Osten kommend Richtung Westen und Süden ziehen.

Um **190** befindet sich auf dem Gebiet des späteren Lichterfelde eine größere germanische Siedlung, deren Bewohner zum Teil in Pfostenbauten leben und römisches Geld besitzen.

Um **260** leben vermehrt ostgermanische Burgunder in der Region. Die besser und größer gebauten burgundischen Gehöfte lösen die semnotischen Gehöfte ab.

Im Winter **406/407** geben die Römer die Rheingrenze auf. Das Havelland wird durch Fortzug nach Süden und Osten weitgehend entvölkert.

Um **520** wird ein etwa 17-jähriges Mädchen bestattet, dem ein christliches Kreuz ins Grab mitgegeben wird. Es ist das erste Zeichen für das allmähliche Vordringen des Christentums im ostgermanischen Raum.

Um **710** wird auf einer Havelinsel eine Burg angelegt; dort befindet sich heute Spandau.

Um **720** siedeln slawische Einwanderer im Berliner Raum und leben mit der verbliebenen germanischen Bevölkerung in Dörfern zusammen. Auf dem Gebiet des heutigen Köpenicks siedeln die Sprewanen.

Um **750** wird der von den Hevellern an der Havel errichtete Herrensitz Spandow mit Suburbium außerhalb der Burgmauern die erste städtische Siedlung im Berliner Raum.

1197 wird Spandau als Spandowe erstmals urkundlich erwähnt.

Um **1200** gibt es auf dem Gebiet der Doppelsiedlung Berlin und Cölln zwei romanische Steinbasiliken. Die Fundamente sind auf Grabanlagen errichtet; man nimmt daher an, dass sich schon vor der Gründung Cöllns dort eine Siedlung befunden hat.

Am **28. Oktober 1237** wird Cölln erstmals urkundlich erwähnt.

In einer am **26. Januar 1244** ausgestellten Urkunde wird Berlin erstmals erwähnt.

Ein Stadtname geht um die Welt

In Deutschland sind die Städtenamen West- und Ostberlin Geschichte – in den USA hingegen findet sich noch heute auch ohne Mauer ein East Berlin und ein Berlin West. Insgesamt 54-mal verzeichnen die Landkarten der USA „Berlin", allein oder in zusammengesetzten Ortsnamen. Und auch in Südafrika oder in der Antarktis wollten Menschen an ihre Heimat Berlin erinnern.

Stadt	County, Bundesstaat
East Berlin	Adams County, Pennsylvania
Berlin West	Wicomico County, Maryland
Berlin	Cullman County, Alabama
Berlin	Dallas County, Alabama
Berlin	Ashley County, Arkansas
Berlin	Hartford County, Connecticut
Berlin	Colquitt County, Georgia
Berlin	Sangamon County, Illinois
Berlin	Hardin County, Iowa
Berlin	Bourbon County, Kansas
Berlin	Bracken County, Kentucky
Berlin	Worcester County, Maryland
Berlin	Worcester County, Massachusetts
Berlin	Gentry County, Missouri
Berlin	Lafayette County, Missouri
Berlin	Nye County, Nevada
Berlin	Coos County, New Hampshire
Berlin	Camden County, New Jersey
Berlin	Rensselaer County, New York
Berlin	La Moure County, North Dakota
Berlin	Holmes County, Ohio
Berlin	Williams County, Ohio
Berlin	Roger Mills County, Oklahoma
Berlin	Linn County, Oregon
Berlin	Somerset County, Pennsylvania

Berlin	Aiken, South Carolina
Berlin	Marshall County, Tennessee
Berlin	Washington County, Texas
Berlin	Washington County, Vermont
Berlin	Southampton County, Virginia
Berlin	Lewis County, West Virginia
Berlin	Green Lake County, Wisconsin
Berlin	Marathon County, Wisconsin

Berlin Township	Bureau County, Illinois
Berlin Township	Ionia County, Michigan
Berlin Township	St. Clair County, Michigan
Berlin Township	Minnesota
Berlin Township	New Jersey
Berlin Township	Cass County, North Dakota
Berlin Township	Sheridan County, North Dakota
Berlin Township	Wells County, North Dakota
Berlin Township	Delaware County, Ohio
Berlin Township	Erie County, Ohio
Berlin Township	Holmes County, Ohio
Berlin Township	Knox County, Ohio
Berlin Township	Mahoning County, Ohio
Berlin Township	Pennsylvania

New Berlin	Sangamon County, Illinois
New Berlin	Chenango County, New York
New Berlin	Union County, Pennsylvania
New Berlin	Guadalupe County, Texas
New Berlin	Waukesha County, Wisconsin

Südafrika

Berlin	Eastern Cape
Berlin	Free State

Landmarken

Mount Berlin	Doppelvulkan in der Antarktis
Berlin Seamount	Tiefseeberg im Pazifik

Berliner Spitznamenkunde

Alex Alexanderplatz in Mitte

Castingallee Kastanienallee im Prenzlauer Berg

East Side Gallery mittlerweile offizieller Name eines Reststücks Berliner Mauer zwischen Ostbahnhof und Warschauer Straße

Elefantenwaschmaschine Bezeichnung für das Kanzleramt, in Anspielung auf die großen Lichtöffnungen und Fensterfronten

Erpel Ernst-Reuter-Platz, abgekürzt E.-R.-Pl.

Goldelse Bezeichnung der Figur auf der Spitze der Berliner Siegessäule

Gürteltier Ludwig-Erhard-Haus, Verwaltungsgebäude der IHK Berlin

Hungerharke oder Hungerkralle Denkmal für die Berliner Luftbrücke in Tempelhof

Kotti Kottbusser Tor

Langer Lulatsch Funkturm

Lippenstift und Puderdose Gedächtniskirche mit Anbau

Mont Klamott Großer Bunkerberg im Volkspark Friedrichshain

Potse Potsdamer Straße in Schöneberg

Retourkutsche früher gebräuchlicher Spitzname der Quadriga auf dem Brandenburger Tor; sie war auf Anordnung Napoléon Bonapartes 1806 nach Paris gebracht worden und kam erst 1814 wieder zurück – also „retour"

Schwangere Auster die heute Haus der Kulturen der Welt genannte Kongresshalle

Stift St. Walter frühere Bezeichnung der Ost-Berliner für den Fernsehturm, dessen Kugel in der Spitze das Sonnenlicht in Form eines weit sichtbaren Kreuzes reflektierte

Telespargel Fernsehturm

Tränenpalast Abfertigungshalle des ehemaligen Grenzübergangs Friedrichstraße

Wasserklops Weltkugelbrunnen am Breitscheidplatz

Viktoria – genannt „Goldelse"

Modell für die Bronzeskulptur der Siegesgöttin stand dem Bildhauer Friedrich Drake seine Tochter Margarethe

Die Berliner

Einwohner (04/2007)	3 405 469
männlich	1 666 492
weiblich	1 738 977
Einwohner je km²	3 820
Ausländer (06/2007)	466 300
Einbürgerungen (12/2006)	8 186
Eheschließungen (12/2006)	11 634
Geburten (12/2005)	28 976
Arbeitslose (06/2007)	277 211
Einpendler (wohnen außerhalb und arbeiten in Berlin)	210 400
Auspendler (wohnen in Berlin und arbeiten außerhalb)	119 600
Schülerinnen und Schüler (12/2006)	339 663
Auszubildende (12/2006)	55 334
Mittleres monatliches Einkommen (07/2006)	1 500 Euro

Quelle: Amt für Statistik Berlin-Brandenburg

Der Berliner

Mit Konfitüre gefüllte Hefeballen, die in heißem Fett ausgebacken wurden, heißen in den meisten Regionen Deutschlands „Berliner". In Berlin selbst nennt man sie „Pfannkuchen".

Nach einer populären Legende erfand ein Berliner Zuckerbäcker 1756 den „Berliner Pfannkuchen". Er hatte unter König Friedrich II. als Kanonier dienen wollen, sich jedoch als untauglich erwiesen. Allerdings durfte er als Feldbäcker beim Regiment bleiben. Dort schuf er die ersten „Pfannkuchen" und gab den Hefeteigstücken die runde Ballenform von Kanonenkugeln. Da kein Backofen zur Verfügung stand, backte er sie in mit heißem Fett gefüllten Pfannen.

Selbstverständlich gibt es auch profanere Erklärungen der Herkunft des beliebten Pfannkuchens. Fett Gebackenes wie der „Berliner" wurde bereits im 15. Jahrhundert hergestellt. Populär wurde das schnell zuzubereitende Fettgebäck dann in Zeiten, als die Stadt wuchs und zuziehende Handwerker und Kaufleute regelmäßig und günstig außer Haus essen wollten.

Rezept

Zutaten: 500 g Mehl, 100 g Zucker, 100 g Butter, 1 Päckchen Vanillezucker, 2 Eier, 1/8 l Milch, 4 bittere Mandeln, 30 g Hefe, 150 g Konfitüre, 500 g Schmalz

Die Hefe mit der lauwarmen Milch und etwas Mehl zu einem Vorteig zusammenrühren und 15 Minuten gehen lassen. Danach Butter, Zucker, Vanillezucker, eine Prise Salz, Eier und den Rest des Mehls zu einem glatten Teig kneten. Danach 90 Minuten gehen lassen und noch einmal durchkneten. Etwa 20 gleich große Stücke aus dem Teig bereiten, diese mit Konfitüre füllen und den Teig über der Füllung verschließen. Zehn Minuten gehen lassen, dann in heißem Schmalz ausbacken.

Touristische Basisinformationen

Berlin infostore heißen die Anlaufstellen für Touristen in der Stadt:

– im Hauptbahnhof
Erdgeschoss, Eingang Europa Platz
geöffnet täglich 8–22 Uhr

– im Neuen Kranzler Eck
Nähe Zoo
Kurfürstendamm 21, Passage
geöffnet Mo–Sa 10– 20 Uhr, So 10–18 Uhr
(erweiterte Öffnungszeiten April–Oktober)

– im Brandenburger Tor
Pariser Platz, südliches Torhaus
geöffnet täglich 10–18 Uhr
(erweiterte Öffnungszeiten April–Oktober)

– im ALEXA Shopping Center
Nahe Alexanderplatz
Grunerstraße 20, Erdgeschoss
geöffnet Mo–Sa 10–22 Uhr, So 11–16 Uhr
(erweiterte Öffnungszeiten April–Oktober)

– im BERLIN Pavillon am Reichstag
Scheidemannstraße
geöffnet täglich 10–18 Uhr
(erweiterte Öffnungszeiten April–Oktober)

Zentrale der Berliner Tourist Information
Service-Hotline: 030 250025
Internet: www.visitberlin.de

Berlin WelcomeCard

Mit der **WelcomeCard** können alle öffentlichen Verkehrsmittel im Verkehrsverbund Berlin-Brandenburg genutzt werden. Das dazugehörige Gutscheinheft gewährt bis zu 50 Prozent Ermäßigung auf den Eintrittspreis bei Museen, Stadtrundfahrten und anderen touristischen Attraktionen.

Berlin 48 Stunden	15,50 Euro
Berlin + Potsdam 48 Stunden	17,50 Euro
Berlin 72 Stunden	20,50 Euro
Berlin + Potsdam 72 Stunden	23,00 Euro

Die Berlin **WelcomeCard Museumsinsel** ermöglicht an einem Tag den freien Eintritt für alle geöffneten Häuser der Museumsinsel: Bode-Museum, Pergamon-Museum, Alte Nationalgalerie, Altes Museum mit Antikensammlung und Ägyptischem Museum. Sonderausstellungen sind ausgeschlossen.

Berlin 48 Stunden	26,00 Euro
Berlin + Potsdam 48 Stunden	27,50 Euro
Berlin 72 Stunden	30,50 Euro
Berlin + Potsdam 72 Stunden	33,50 Euro

Außerdem gibt es die **WelcomeCard Culture+**, die aus der BerlinWelcomeCard und dem Museumspass SchauLUST Museen besteht. Sie ermöglicht neben den oben genannten Vergünstigungen den kostenlosen Eintritt in mehr als 70 Berliner Museen an drei aufeinanderfolgenden Öffnungstagen.

Berlin 48 Stunden	33,50 Euro
Berlin + Potsdam 48 Stunden	35,00 Euro
Berlin 72 Stunden	38,50 Euro
Berlin + Potsdam 72 Stunden	41,50 Euro

Berlins Grundschulen – Programmatische Patennamen

Überall auf der Welt dienen Namen nicht nur der Identifizierung: Sie werden auch als Botschaften für die Mitmenschen genutzt. Keine Ausnahme machen da die Namen von Schulen. Überzeugen Sie sich selbst anhand dieser Namensliste von Berliner Grundschulen.

Anna-Lindh-Schule
Wedding

Annedore-Leber-Grundschule
Lichtenrade

Arche-Schule
Hellersdorf

Aziz-Nesin-Grundschule
Kreuzberg

Birger-Forell-Grundschule
Wilmersdorf

Bruno-Bettelheim-Grundschule
Marzahn

Bücherwurm-Schule
am Weiher Hellersdorf

Charlie-Chaplin-Grundschule
Märkisches Viertel

Charlie-Rivel-Grundschule
Spandau

E.-O.-Plauen-Grundschule
Kreuzberg

Elisabeth-Rotten-Schule
Mariendorf

Elizabeth-Shaw-Grundschule
Pankow

Erika-Mann-Grundschule
Wedding

Franz-Carl-Achard-Grundschule
Kaulsdorf

Grips-Grundschule
Tiergarten

Heinz-Galinski-Schule
Westend

Ikarus-Grundschule
Mariendorf

James-Krüss-Grundschule
Moabit

Janusz-Korczak-Grundschule
Gropiusstadt

Johann-Georg-Elser-Grundschule
Neukölln

Kiekemal-Schule
Mahlsdorf

Konrad-Agahd-Grundschule
Neukölln

Lisa-Tetzner-Grundschule
Buckow

Löwenzahn-Grundschule
Neukölln

Mark-Twain-Grundschule
Reinickendorf

Michael-Ende-Grundschule
Rudow

Oskar-Heinroth-Grundschule
Britz

Papageno-Grundschule
Mitte

Peter-Petersen-Grundschule
Neukölln

Pusteblume-Grundschule
Hellersdorf

Regenbogen-Grundschule
Neukölln

Rose-Oehmichen-Grundschule
Rudow

Sonnen-Grundschule
Neukölln

Till-Eulenspiegel-Grundschule
Reinickendorf

Trelleborg-Schule
Pankow

Victor-Gollancz-Grundschule
Frohnau

Walt-Disney-Grundschule
Gropiusstadt

Messestadt Berlin

Die „Messe Berlin“ ist eine der zehn umsatzstärksten Messegesellschaften der Welt.

Umsatz	145 Mio. Euro
Hallenfläche	160 000 m²
Freigelände	über 100 000 m²
Eigenveranstaltungen	21
Gastveranstaltungen	38
Aussteller	über 18 000
Besucher	1,556 Mio.
Kongresse	573
Kongressteilnehmer	240 000

(Die Zahlen beziehen sich auf das Jahr 2007.)

Der Messekalender

Januar	Internationale Grüne Woche – Ausstellung für Ernährungswirtschaft, Landwirtschaft und Gartenbau Heim-Tier & Pflanze – Fach- und Informationsschau für Heim-Tier- und Pflanzenhaltung
Februar	Freshconex – Internationale Messe und Kongress für Fresh-Cut Convenience Fruit Logistica – International Trade Fair for Fruit and Vegetable Marketing Solar Energy – Weltmesse für Erneuerbare Energien Bautec – Internationale Baufachmesse Build IT Berlin – Fachmesse für IT und Kommunikation im Bauwesen MotorWelt – Berlins neue Automesse inkl. Tuningwelt und Oldtimerbörse

März	ITB Berlin – Internationale Tourismus-Börse Laser Optics Berlin – International Trade Fair and Convention for Optical Laser Technologies BMT – Berliner Motorrad Tage
April	Berlin Vital – Sport und Gesundheitsmesse conhIT – Der Branchentreff für Healthcare IT
Mai	Barzone – Bar Business Exhibition Berlin ILA – Internationale Luft- und Raumfahrtausstellung IT Profits – Kongressmesse rund um IT-Lösungen für Unternehmen und öffentliche Verwaltung
Juni	Top Energy Berlin – Internationale Energie fachmesse für Erzeugung, Transport, Verteilung und Anwendung Coil Winding Insulation and Electrical Manufacturing – International Exhibition and Conference
August	Internationale Funkausstellung
September	directexpo berlin – Fachmesse für Dialogmarketing PostPrint – Fachmesse für Druck und Weiterverarbeitung InnoTrans – Internationale Fachmesse für Verkehrstechnik, innovative Komponenten, Fahrzeuge, Systeme

Oktober	Popkomm – Music & Entertainement Briefmarkenmesse Berlin International Numismata Berlin ehome – Fachmesse und Kongress für vernetztes Wohnen belektro – Fachmesse für Elektrotechnik, Elektronik und Licht Venus – Internationale Fachmesse für Adult Entertainment You Berlin – Europäische Jugendmesse für Outfit, Sport und Lifestyle Art Forum Berlin – Internationale Messe für Gegenwartskunst Haus – Messe für Haus, Bau und Immobilien
November	Moderner Staat – Strategien und Best Practice für IT, Personal und Finanzen Mineralis – Mineral-, Fossilien- und Schmuckbörse Aktiv im Alter Gesundheitsmesse Berlin-Brandenburg Boot und Fun Berlin – Bootsmesse für Berlin und die neuen Bundesländer
Dezember	Hippologica – Internationale Pferdesportmesse

Einkaufen für Wählerische

Akkus
Akku-Shop-Berlin
Mariendorfer Damm 124, Tempelhof

Berlin
Berlin story
über 3 000 Buchtitel zu Berlin,
außerdem breites Souvenir-Angebot
Unter den Linden 40, Mitte

Bonbons
Bonbonmacherei
Heckmann-Höfe
Oranienburger Straße 32, Mitte

Comics
Modern Graphics
Oranienstraße 22, Kreuzberg

Hundeversorgung
Doggieshop
Bornholmer Straße 14, Prenzlauer Berg

Knöpfe
Knopf Paul
Zossener Straße 10, Kreuzberg

Konfitüren
Gretas Konfitüren
Nassauische Straße 62, Wilmersdorf

Lakritz
kadó
Graefestraße 75, Kreuzberg

Magnete
Neotexx
Graefestraße 20, Kreuzberg

Marzipan
Königsberger Marzipan Wald
Pestalozzistraße 54, Charlottenburg

Olivenöl
Pazianas
Senefeldstraße 4, Prenzlauer Berg

Pesto
Pesto Dealer Berlin
Goethestraße 34, Charlottenburg

Schokolade
Fassbender & Rausch
Gendarmenmarkt, Mitte

Seife
1000 & 1 Seife
Rosenthaler Straße 36, Mitte

Senf
Senfsalon
Hagelberger Straße 46, Kreuzberg

Kreativ nicht nur im Kopf

Shopping mit Charme in den Kiezen

Dorf um Dorf wird zu Berlin

20. März 1307: Cölln und Berlin beschließen eine Union und bauen eine gemeinsame Stadtmauer und ein gemeinsames Rathaus. In Verträgen wird die Doppelstadt zukünftig Berlin genannt.

28. Juni 1432: Der Vertrag von 1307 wird bekräftigt und erweitert; von nun an steht die Doppelstadt unter einer gemeinsamen Verwaltung.

1. Januar 1710: Friedrichswerder, Dorotheenstadt und Friedrichstadt werden mit Berlin und Kölln zu einer Stadt zusammengeschlossen.

bis 1825: Stadterweiterung um Dorotheenstadt und Friedrichstadt; Innere Luisenstadt, Innere Stralauervorstadt, Spandauer Vorstadt und das Innere Königsviertel werden nach Berlin eingemeindet.

1829: Die Regierung legt fest, dass die Weinbergstücke, die Berliner Hufen und die sogenannte Neue Welt zu Berlin gerechnet werden. Zugleich wird Niederschönhausen eingemeindet.

bis 1841: Friedrich-Wilhelm-Stadt, Oranienburger Vorstadt, Rosenthaler Vorstadt, Friedrichsvorstadt, Äußere Luisenstadt, Äußere Stralauer Vorstadt und das Äußere Königsviertel werden eingemeindet.

1. Januar 1861: Wedding, Moabit, Gesundbrunnen, Tempelhofer und Schöneberger Vorstadt werden eingemeindet.

1867: Das Gebiet vor dem Halleschen Tor, Kreuzberg und die nördliche Hasenheide werden eingemeindet.

1878: Berlin wird um das Gebiet des Zentralviehhofs erweitert.

1881: Das Tiergartenviertel wird vollständig erworben.

1912: Gründung des Zweckverbandes Groß-Berlin mit begrenztem Aufgabenbereich. Dem Verband gehörten Berlin, sechs Nachbarstädte und zwei Landkreise an.

1915: Die Jungfernheide wird erworben.

1920: Zusammenschluss Berlins mit den sieben umliegenden Städten Charlottenburg, Wilmersdorf, Schöneberg, Neukölln, Lichtenberg, Spandau und Köpenick. Weitere 59 Landgemeinden kommen zu der Stadt Groß-Berlin hinzu.

1928: Der Rest des Gutsbezirks Düppel wird Berlin zugeschlagen.

1979: In Ost-Berlin wird der Bezirk Marzahn gebildet. Er umfasst vor allem die ab 1976 erschlossenen Neubaugebiete am Stadtrand.

1985: In Ost-Berlin wird der Bezirk Hohenschönhausen gebildet. Er umfasst vor allem die ab 1980 erschlossenen Neubaugebiete am Stadtrand.

1986: In Ost-Berlin wird der Bezirk Hellersdorf gebildet.

Bier aus Berlin

Berlin war früher eine Biermetropole mit unzähligen großen und kleineren Brauereien. Heute gibt es mit der Berliner Kindl-Schultheiss-Brauerei nur noch ein überregional bedeutsames Brauunternehmen.

Doch Berlin ist ein Ort für individuelle Geschmäcker und findige Geschäftsideen. Nach und nach haben in den letzten Jahren kleinere Brauereien eröffnet. Sie vertreiben ihr Bier in Szenekneipen oder eigenen Gaststätten und setzen auf die Neugierde der Berliner und der Touristen.

Biere aus Berliner Brauereien

Berliner Bürgerbräu Premium Pils

KaDeWe-Premium-Pilsener

Rotkehlchen

Bernauer Schwarzbier

Dunkler Bock (saisonal)

Berliner Bürgerbräu Berliner Weisse mit Schuss Himbeer

Berliner Bürgerbräu Berliner Weisse mit Schuss Waldmeister

Hauptmann von Köpenick

Weihnachts-Starkbier (saisonal)

Berliner Pilsener

Schultheiss Pilsener

Schultheiss Lager Schwarz

Schultheiss Original Berliner Weisse

Berliner Kindl Jubiläums Pilsener

Berliner Kindl Pils

Berliner Kindl Export

Berliner Kindl Original Weisse mit Schuss Himbeer

Berliner Kindl Original Weisse mit Schuss Waldmeister

Berliner Kindl Original Weisse mit Schuss Ananas-Orange

Märkischer Landmann

Bärenpils

Potsdamer Rex Pils

Eschenbräu Pils

Eschenbräu Weizen

Eschenbräu Dunkel

Heller Stern

Dunkler Stern

Georg Pils

Havelbräu

Rixdorfer Hell

Rixdorfer Dunkel

Rixdorfer Maibock

Lemkes Original Pilsener

Luisen-Bräu-Bier – hell und dunkel

Marcus-Bräu Pils – filtriert und unfiltriert

Marcus Bräu Preußen Dunkel

Schlossplatz Brauerei Cöpenick – hell und dunkel

Schoppebräu Hell

Schoppebräu Dunkel

Schoppebräu Weizen

Künstliche Berge

Die Zerstörung Berlins im Zweiten Weltkrieg hatte Folgen, die bis heute sichtbar sind. Viele der grün bewachsenen Berge im Stadtgebiet sind erst ab den 1950er-Jahren aus Trümmern aufgeschüttet worden. Von Anfang an plante man, diese Schutthalden später aufzuforsten und Ausflugsmöglichkeiten und Erholungsgebiete zu schaffen.

Teufelsberg, 114,7 m, Grunewald
Auf dem Gelände der 1937 als Teil der Technischen Hochschule erbauten Wehrtechnischen Fakultät wurden im Grunewald zwischen 1950 und 1972 rund 26 Mio. m^3 Trümmerschutt zu einem Berg von 114,7 m Höhe aufgeschüttet. Den Namen Teufelsberg erhielt er nach dem nahe gelegenen Teufelssee. Seit 1952 wurde der Berg mit etwa 180 000 Bäumen bepflanzt. Anfang der 1960er-Jahre wurden ein Skihang und Rodelbahnen angelegt. Schließlich nahm sogar ein Skilift den Betrieb auf.

Die Alliierten richteten später auf dem Plateau des Berges eine Abhöranlage ein und erklärten das Areal zum militärischen Sperrgebiet. Die Berliner mussten sich mit dem um wenige Meter niedrigeren benachbarten Drachenberg begnügen, und der Skilift stellte seinen Betrieb ein. Anlässlich der 750-Jahrfeier Berlins wurde 1987 ein Weltcup-Slalom auf dem Skihang ausgetragen. Die Spionagestation wurde 1992 von den Amerikanern aufgegeben.

Nach dem Scheitern eines Bauprojekts möchte zurzeit die Maharishi-Weltfriedensstiftung mit ihrem Meditationslehrer Raja Emanuel Schiffgens und ihrem wohl prominentestem Mitglied, dem Hollywood-Regisseur David Lynch, das Areal auf dem Teufelsberg erwerben. Voraussetzung dafür ist allerdings die Bauerlaubnis für eine Lehranstalt mit einem 50 m hohen „Turm der Unbesiegbarkeit". Dagegen spricht, dass im aktuellen Flächennutzungsplan der Teufelsberg insgesamt als Wald ausgewiesen ist.

Großer Bunkerberg „Mont Klamott", 78 m, Friedrichshain
Auf den beiden Hügeln im Volkspark Friedrichshain befanden sich während des Zweiten Weltkriegs Flaktürme, die nach dem Krieg gesprengt wurden. Auf den beiden Hügeln wurden zusätzlich etwa 2,1 Mio. m^3 Trümmerschutt angehäuft. So entstanden der Kleine Bunkerberg mit 48 m Höhe und der Große Bunkerberg mit 78 m Höhe, der von den Berlinern bald „Mont Klamott" genannt wurde. Auf dem kleineren Berg befindet sich eine Rodelbahn.

Insulaner, 78 m, Schöneberg
Der 78 m hohe Insulaner befindet sich in Schöneberg an der Grenze zu Steglitz. Zwischen 1946 und 1951 wurde er aus etwa 1,8 Mio. m^3 Trümmerschutt aufgeschüttet. In einem Ideenwettbewerb hatten zwei Schulklassen den Namen vorgeschlagen. Am 11. August 1951 wurde dem Berg während einer offiziellen Feier der Name verliehen. Seit 1963 befindet sich auf der Bergspitze die Wilhelm-Foerster-Sternwarte.

Rodelberg, 60 m, Volkspark Mariendorf
Der 60 m hohe Rodelberg im Volkspark Mariendorf war zunächst von 1927 bis 1929 im Rahmen eines Notstandsprogramms entstanden. Hausmüll und Aushub vom Straßen- und U-Bahn-Bau wurden hier abgelagert. Erst von 1952 bis 1954 wurde der Berg auf die heute vorhandene Höhe gebracht, als durch Trümmerschutt weitere 10 m hinzukamen.

Weitere künstliche Berge

Oderbruchkippe, 91 m, Volkspark Prenzlauer Berg
(Neuer) Hahneberg, 87 m, Staaken
Dörferblick, 86 m, Rudow
Humboldthöhe, 85 m, Volkspark Humboldthain, Gesundbrunnen
Marienhöhe, 73 m, Tempelhof
Rixdorfer Höhe, 68 m, Volkspark Hasenheide, Neukölln

Bedeutende Berliner Unternehmensgründer

Name	Unternehmen	Branche
August Borsig (1804–1854)	Borsig-Werke	Maschinenbau
Johann Julius Wilhelm Spindler (1810–1873)	Firma W. Spindler	Wäscherei und Färberei
Ernst Werner von Siemens (1816–1892)	heutige Siemens AG	Elektronik und Technologie
Ernst Christian Friedrich Schering (1824–1889)	heutige Schering AG	Arzneien
Leopold Ullstein (1826–1899)	Ullstein-Verlag	Verlagswesen
Carl Andreas Julius Bolle (1832–1910)	Meierei Bolle	Lebensmittelhandel
Emil Moritz Rathenau (1838–1915)	Allgemeine Elektricitäts-Gesellschaft (AEG)	Elektronik und Technologie
Carl Herlitz (1867–1939)	Herlitz	Schreibwaren
Gustav Krone (1895–1971)	Krone & Co	Fernmeldetechnik
Peter Dussmann (*1938)	Dussmann Heimpflegedienst GmbH	Dienstleistungsunternehmen
Klaus Zapf (*1952)	Zapf-Umzüge	Umzugsunternehmen

Das müssen Sie gesehen haben – Was Reiseführer empfehlen

Dorling Kindersley – Vis-à-Vis

„Zehn Hauptsehenswürdigkeiten von Berlin“

Pergamonmuseum
Schloss Charlottenburg
Gemäldegalerie
Nikolaiviertel
Kunstgewerbemuseum
Zoologischer Garten
Fernsehturm
Reichstag
Brandenburger Tor
Kaiser-Wilhelm-Gedächtnis-Kirche

Guide Michelin – Der Grüne Reiseführer

„Drei Sterne – Einzigartig“

Funkturm
Schloss Charlottenburg
Ägyptisches Museum
Museumsinsel mit Pergamonmuseum und Alter Nationalgalerie
Zoologischer Garten
Kulturforum
Ethnologisches Museum
Grunewaldturm
Neue Nationalgalerie
Fernsehturm

Lonely Planet

„Berlin Musts“

Barhopping
Altes Museum
Unter den Linden
Reichstagskuppel
Scheunenviertel

Merian Reiseführer

„Merian TopTen“

Karneval der Kulturen und Christopher Street Day
Gendarmenmarkt
Kneipenbummel in Mitte
Potsdamer Platz
Reichstag
Schloss Charlottenburg
Brandenburger Tor und Pariser Platz
Strandbad Wannsee
Jüdisches Museum
Museumsinsel

Ein schöner Rücken kann auch entzücken ...

Ein Blickfang in Berlin:
die Quadriga auf dem Brandenburger Tor

Berlin im Roman

Vereintes Berlin – damals

Wilhelm Raabe: Die Chronik der Sperlingsgasse	1857
Theodor Fontane: L'Aldutera	1880
Theodor Fontane: Irrungen, Wirrungen	1887
Otto Julius Bierbaum: Stilpe	1897
Curt Corrinth: Potsdamer Platz oder Die Nächte des neuen Messias	1919
Alfred Döblin: Berlin, Alexanderplatz	1929
Erich Kästner: Emil und die Detektive	1929
Erich Kästner: Fabian	1931
Ernst Erich Noth: Die Mietskaserne	1931
Carl Zuckmayer: Der Hauptmann von Köpenick	1931
Irmgard Keun: Das kunstseidene Mädchen	1932
Christopher Isherwood: Lebewohl, Berlin	1949

Ostberlin

Christa Wolf: Der geteilte Himmel	1963
Günter Kunert: Fahrt mit der S-Bahn	1968
Ulrich Plenzdorf: Die Legende von Paul und Paula	1973
Günter Görlich: Heimkehr in ein fremdes Land	1974
Stephan Heym: 5 Tage im Juni	1974
Jochen Hauser: Familie Rechlin	1978
Karl Heinz Berger: Die Wohnung oder Auswege ins Labyrinth	1979
Christoph Hein: Einladung zum Lever Bourgeois	1980
Karl Mickel: Lachmunds Freunde	1991

Westberlin

Jurek Becker: Der Boxer	1976
Kurt Bartsch: Wadzeck	1980
Dieter Hildebrandt: Die Leute vom Kurfürstendamm	1982
Peter Schneider: Der Mauerspringer	1982
Bodo Morshäuser: Die Berliner Simulation	1983
Sten Nadolny: Selim oder Die Gabe der Rede	1990

Vereintes Berlin – heute

Monika Maron: Stille Zeile Sechs	1991
Martin Ahrends: Der märkische Radfahrer	1992
Thomas Brussig: Helden wie wir	1995
Barbara Sichtermann: Vicky Victory	1995
Uwe Timm: Johannisnacht	1996
Harold Nebenzal: Café Berlin	1997
Peter Schneider: Eduards Heimkehr	1999
Cees Nooteboom: Allerseelen	1999
Wladimir Kaminer: Russendisko	2000
Wladiminr Kaminer: Schönhauser Allee	2001
Sven Regener: Herr Lehmann	2001
Katja Lange-Müller: Böse Schafe	2007
Uli Hannemann: Neulich in Neukölln	2008

Wohnen zur Miete

Die Immobilienmakler prognostizieren steigende Mieten in den bevorzugten Wohnlagen. Im Jahr 2006 sah die Situation wie folgt aus:

	Wohnfläche pro Einwohner in m²	Wohnfläche pro Wohnung in m²	Einwohner pro Wohnung
Charlottenburg-Wilmersdorf	45,3	75,0	1,65
Friedrichshain-Kreuzberg	36,7	66,0	1,79
Lichtenberg	34,5	63,2	1,83
Marzahn-Hellersdorf	35,9	68,8	1,91
Mitte	38,5	65,3	1,69
Neukölln	36,8	68,3	1,85
Pankow	38,5	67,5	1,75
Reinickendorf	38,9	73,7	1,85
Spandau	36,9	70,8	1,91
Steglitz-Zehlendorf	43,6	80,7	1,85
Tempelhof-Schöneberg	40,2	72,3	1,80
Treptow-Köpenick	36,8	68,3	1,85

Quelle: IBB Wohnungsmarktbericht 2007, hrsg. v. Investitionsbank Berlin

UNESCO-Liste des Welterbes

Die von der UNESCO geführte Liste des Welterbes umfasste Anfang 2008 insgesamt 851 Denkmäler in 141 Ländern. Davon sind 660 Kultur- und 166 Naturdenkmäler. Weitere 25 Denkmäler gehören sowohl dem Kultur- als auch dem Naturerbe an.

Die **Berlin-Potsdamer Kulturlandschaft** wurde 1990 in diese Liste aufgenommen. Das Gebiet wurde 1992 und 1999 erweitert.

Der **Berliner Bereich** besteht aus:

- Glienicker Park und Pleasureground
- Jagdschlosspark Klein-Glienicke und Jagdschloss
- Böttcherberg mit der Loggia Alexandra
- Nikolskoe
- Dorf Klein-Glienicke
- Pfaueninsel

Die **Museumsinsel** wurde 1999 in die Liste aufgenommen. Auf der Museumsinsel befinden sich:

- Pergamon-Museum
- Altes Museum
- Nationalgalerie
- Bode-Museum
- Neues Museum

Für sechs **Siedlungen der Berliner Moderne** hat das Land Berlin 2006 bei der UNESCO die Aufnahme in die Welterbeliste beantragt.

- Gartenstadt Falkenberg in Treptow-Altglienicke
- Hufeisensiedlung in Neukölln-Britz
- Siedlung am Schillerpark in Mitte-Wedding
- Wohnstadt Carl Legien in Pankow-Prenzlauer Berg
- Weiße Stadt in Reinickendorf
- Siemensstadt in Charlottenburg und Spandau

Wer regierte Berlin?

Oberbürgermeister

1809–1813	Carl Friedrich Leopold von Gerlach
1814–1832	Johann Stephan Gottfried Büsching
1832–1834	Friedrich von Bärensprung
1834–1848	Heinrich Wilhelm Krausnick
1848–1850	Franz Christian Naunyn
1850–1862	Wilhelm Krausnick
1862–1872	Karl Theodor Seydel

1872–1878	Arthur Johnson Hobrecht
1878–1892	Max von Forckenbeck
1892–1898	Robert Zelle
1899–1912	Martin Kirschner
1912–1920	Adolph Wermuth (parteilos)

1920–1929	Gustav Böß (DDP)
1929–1931	Arthur Scholz (DVP)
1931–1935	Heinrich Sahm (parteilos)

1935–1939	Julius Lippert (NSDAP)
1939–1945	Ludwig Steeg (NSDAP)

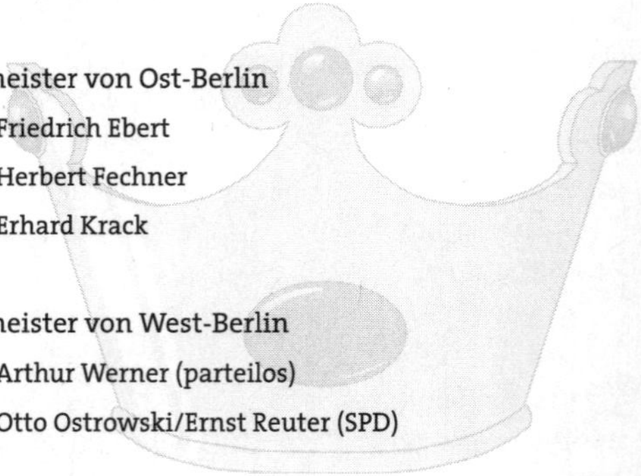

Oberbürgermeister von Ost-Berlin

1948–1967	Friedrich Ebert
1967–1974	Herbert Fechner
1974–1990	Erhard Krack

Oberbürgermeister von West-Berlin

1945	Arthur Werner (parteilos)
1947	Otto Ostrowski/Ernst Reuter (SPD)

Regierende Bürgermeister von West-Berlin

	Bürgermeister	Regierung
1949	Ernst Reuter (SPD)	
1951	Ernst Reuter (SPD)	SPD/CDU/FDP
1953	Walter Schreiber (CDU)	CDU/FDP
1955	Otto Suhr (SPD)	SPD/CDU
	ab 1957 Willy Brandt (SPD)	
1959	Willy Brandt (SPD)	SPD/CDU
1963	Willy Brandt (SPD)	SPD/FDP
	ab 1966 Heinrich Albertz (SPD)	
1967	Heinrich Albertz (SPD)	SPD/FDP
	ab Ende 1967 Klaus Schütz (SPD)	
1971	Klaus Schütz (SPD)	SPD/FDP
1975/76	Klaus Schütz (SPD)	SPD/FDP
	ab 1977 Dietrich Stobbe (SPD)	
1981	Hans Jochen Vogel (SPD)	SPD/FDP
1981	Richard von Weizsäcker (CDU)	CDU
	ab 1984 Eberhard Diepgen (CDU)	CDU/FDP
1985	Eberhard Diepgen (CDU)	CDU/FDP
1989	Walter Momper (SPD)	SPD/AL

Regierende Bürgermeister von Berlin

	Bürgermeister	Regierung
1990	Eberhard Diepgen (CDU)	CDU/SPD
1995	Eberhard Diepgen (CDU)	CDU/SPD
1995	Eberhard Diepgen (CDU)	CDU/SPD
2001	Klaus Wowereit (SPD)	SPD/PDS
2006	Klaus Wowereit (SPD)	SPD/PDS. Die Linke

Gefährlicher Strassenverkehr

Im Jahr 2007 kam es in Berlin zu insgesamt 124 919 registrierten Verkehrsunfällen.

Dabei wurden 15 680 Personen leicht verletzt,
1 875 Personen schwer verletzt und
56 Personen getötet.

Alle ...

4 Minuten wurde die Polizei zu einem Verkehrsunfall gerufen.
30 Minuten verunglückte ein Verkehrsteilnehmer.
2 Stunden verunglückte ein Radfahrer.
3,5 Stunden verursachte ein 18- bis 24-jähriger Verkehrsteilnehmer einen Personenschaden.
3,5 Stunden verunglückte ein Fußgänger.
7,5 Stunden verunglückte ein Mitbürger über 65 Jahre.
10,5 Stunden verunglückte ein Kind.
12 Stunden wurde ein Personenschaden durch Trunkenheit verursacht.
6,5 Tage verunglückte ein Verkehrsteilnehmer tödlich.

Orte, an denen sich mindestens alle 3 Tage ein Verkehrsunfall ereignete

	Unfälle insgesamt
Ernst-Reuter Platz	292
Frankfurter Tor	255
Großer Stern	245
Admiralstraße, Kottbusser Straße, Reichenberger Straße, Skalitzer Straße, Adalbertstraße	200
Adlergestell, Glienicker Weg, Köpenicker Straße	157
Falkenseer Platz	142
Bevernstraße, Oberbaumstraße, Oppelner Straße, Schlesische Straße, Skalitzer Straße	141
Hauptstraße, Wexstraße, Innsbrucker Platz	137

Rock & Pop aus Berlin – Bands und Solisten

Birth Control

Blechreiz

City

Culcha Candela

Die Ärzte

Die Türen

Einstürzende Neubauten

Element of Crime

Funny van Dannen

Gods of Blitz

Ideal

Ina Deter

Interzone

Jens Friebe

Jürgen Kehrt

Karat

Keimzeit

Maximilian Hecker

Mediengruppe Telekommander

Meret Becker

Mia

Miss Kittin

Muhabbet

Mutter

Neonbabies

Nina Hagen

Puhdys

Radiopilot

Rainbirds

Rammstein

Revolt

Rosenstolz

Seeed

17 Hippies

Silly

Tangerine Dream

The BossHoss

Ton Steine Scherben

Wir sind Helden

2raumwohnung

Zeugnisse der geteilten Stadt

Im Berliner Stadtbild ist kaum mehr erkennbar, dass die Stadt von 1961 bis 1989 durch eine Mauer geteilt war. Um an den Verlauf der Berliner Mauer zu erinnern, wird heute an vielen Stellen der Stadt eine Doppelreihe Kopfsteinpflaster in die Straße eingelassen. Virtuell lässt sich der Grenzverlauf unter www.3d-stadtmodell-berlin.de erkennen: Den Grenzverlauf simuliert ein roter Balken. Fertiggestellt ist zudem ein 160 Kilometer langer „Berliner Mauerweg“ für Fußgänger und Radfahrer. Ferner entsteht an der Bernauer Straße die „Gedenkstätte Berliner Mauer“.

Mauerpark Bernauer Straße	Park auf dem ehemaligen Todesstreifen mit Mauerresten
Checkpoint Charlie	Rekonstruktion des ehemaligen alliierten Kontrollpunkts
East Side Gallery	Teil der Berliner Mauer, der von Graffiti-Künstlern bemalt wurde
Wachturm Kieler Straße	Der letzte übriggebliebene Wachturm der Grenzanlagen beherbergt das „Museum der verbotenen Künste“. Hier werden Arbeiten von Künstlern ausgestellt, die in der DDR geächtet waren.
Tränenpalast	Die Abfertigungshalle am Bahnhof Friedrichstraße war Teil des dortigen Grenzübergangs. In der Berliner Kulturverwaltung gibt es Pläne, den „Tränenpalast“ unter Mitwirkung des Hauses der Geschichte der Bundesrepublik in Bonn zu einer Dokumentations- und Veranstaltungsstätte über die Begegnungsmöglichkeiten zwischen Ost und West zu machen.

Einer der letzten seiner Art ...

„Rundblickbeobachtungsturm"
in der Erna-Berger-Straße nahe dem Potsdamer Platz –
einer der drei in Berlin erhaltenen DDR-Grenzwachtürme

Werbung für Berlin

Der Magistrat von Berlin schuf 1927 ein Amt, das nicht nur die Gäste vor Ort betreuen sollte, sondern auch für alle Werbeaktionen der Stadt zuständig war. Das „Ausstellungs-, Messe- und Fremdenverkehrsamt", kurz „Amefr-amt", warb bald auch mit wechselnden Slogans für einen Besuch in der Stadt. Hier eine Auswahl:

Berlin erwartet sie wieder
1950er-Jahre

Gerade jetzt
1950er-Jahre

Treffpunkt der Welt
1950er-Jahre

Berlin ist eine Reise wert
1960

Berlin liegt in Berlin
1968

Berlin tut gut
1985

Mir geht's Berlin
2003

Berlin, Berlin, wir fahren nach Berlin
2007

Be Berlin
2008

Schimpfen auf Berlinerisch

Männer beschimpfen:

Fatzke!
Schisser!
Olle Sau!
Saunickel!
Dösel!
Sabbermaul!

Frauen beschimpfen:

Sabberliese!
Schickse!
Olle Schrippe!
Drahthexe
Dreckschwalbe!

Allgemeines und spezielles Drohen:

Bist du stulle? (= Bist du blöd?)
Halt die Fresse!
Benimm dir!
Ick hau dir auffn Ballon!
Ick hau dir auffn Detz!
Krist glei' eens inne Nusche! (= Ich schlage dir gleich in die Fresse.)
Dit wird dir sauer uffstoß'n. (= Das wird dir schlecht bekommen.)
Dir werd ick die Flötentöne beibringen.
Uff'n Arm nehmen kannse mich ja, aba nich schaukeln.
Dit eene kann ick dir flüstern. (= Das eine kann ich dir sagen.)
Mach bloß keene Fiesematenten. (= Mach keine Schwierigkeiten.)
Ick werd dir jleich rausfistern. (= Mach, dass du wegkommst.)

Und wenn alle gegen dich sind:

Saubande!

... und danach nichts wie weg!

Die grössten Parkplätze in Berlin

Parkplatz	Plätze	Kosten – Euro je Stunde
Messe Berlin III	5 000	k. A.
Potsdamer Platz Arkaden	2 500	1,00
Spandau Arcaden	1 873	0,00[1]
Flughafen Tegel P 5	1 778	4,00
Messe Berlin I	1 500	k. A.
Gleisdreieeck	1 500	0,50
Hallen am Borsigturm	1 450	0,50
Forum Köpenick	1 250	0,60
Friedrichstadtpassagen	1 050	2,50
Meinekestraße	1 050	1,50
Flughafen Schönefeld P1/P2	1 020	2,50
Gesundbrunnen-Center	1 000	0,00[2]
Ring-Center	1 000	0,50
Top Tegel	1 000	1,10
Treptow	1 000	1,00[3]
Europacenter	960	2,50
KaDeWe 1	952	2,00
Flughafen Schönefeld P5	945	2,50[4]
Park & Travel Flughafen Schönefeld	920	19,00[5]
Gropius Passagen P 1	913	0,50
Flughafen Tegel P4	901	4,00
Ratshaus-Center (Pankow)	840	1,00
Sony Center	820	1,30
Linden Center	808	0,00
Tegel Center	800	1,00

[1] für eine Stunde

[2] bis zu 3 Stunden

[3] für 3 Stunden

[4] Saisonparkplatz

[5] für 8 Tage

Als nächstes hören Sie den Song „Berlin" von ...

Bei der Suche nach Songtiteln ließen sich zahlreiche Künstler von Berlin inspirieren, zum Beispiel ...

Lou Reed (1973)
Barclay James Harvest (1978)
Klaus Hoffmann (1978)
Ideal (1980)
Circus (1980)
Fischer-Z (1981)
Marius Müller-Westernhagen (1986)
Marillion (1988)
Wolf Biermann (1988)
Pe Werner (1997)
Guildo Horn (1999)
Keimzeit (2000)
Die Prinzen (2001)
Basta (2002)
Ulla Meinecke (2002)
Bushido (2003)
Rainhard Fendrich (2004)
Carpark North (2005)
Sentino (2005)
Sera Finale B (2006)
Kim Frank (2007)

Noch mehr besungenes Berlin

In Deutschland gibt es keine Stadt, die häufiger besungen wurde als Berlin. Ob Schlager, Pop- oder Rockmusik: Seit jeher inspirieren Berlin und das Leben in seinen Straßen Texter und Komponisten.

1904	**Paul Lincke**	Das macht die Berliner Luft
		Das ist der Zauber von Berlin
1911	**Claire Waldorff**	Nach meine Beene is ja janz Berlin verrückt
		'ne dufte Stadt ist mein Berlin
		O wie praktisch ist die Berlinerin
1912	**Walter Kollo**	Untern Linden, untern Linden
1913	**Walter Kollo**	Das war in Schöneberg im Monat Mai
	Otto Reutter	Berlin is ja so groß
1928	**Claire Waldorff**	Wat braucht der Berliner, um glücklich zu sein?
1932	**Claire Waldorff**	Es gibt nur ein Berlin
1944	**Frank Sinatra**	There'll be a hot time in the town of Berlin
1951	**Conny Froboess**	Pack die Badehose ein
1952	**Gerhard Wendland**	Heimweh nach dir
	Die 3 Travellers	Kleiner Bär von Berlin
1953	**Bully Buhlan**	Ich hab' noch einen Koffer in Berlin
1963	**Hildegard Knef**	Heimweh nach dem Kurfürstendamm
1969	**Bob Telden**	Berlin erwacht
1972	**Ton Steine Scherben**	Rauch-Haus-Song
1975	**Reinhard Mey**	Zwischen Kiez und Kudamm

1977	**Climax Blues Band**	Berlin Blues
	Brian Eno/David Bowie	Neuköln (sic!)
1978	**Gebrüder Blattschuss**	Kreuzberger Nächte
	Klaus Hoffmann	Was fang ich an in dieser Stadt
	City	Der King vom Prenzlauer Berg
	Japan	Suburban Berlin
	Klaus Hoffmann	Kreuzberger Walzer
1979	**Bel Ami**	Berlin bei Nacht
	Deutsch-Amerikanische Freundschaft	Kebabträume
1981	**Einstürzende Neubauten**	Steh auf Berlin
1982	**Silly**	Mont Klamott
	Herman Brood	Berlin schmerzt
	Leinemann	Treffpunkt Berlin
1983	**Udo Lindenberg**	Sonderzug nach Pankow
	Helga Hahnemann	Hundert mal Berlin
1984	**Alphaville**	Summer in Berlin
	Camel	West Berlin
	Udo Lindenberg	Mädchen aus Ostberlin
1985	**Silly**	Berliner Frühling
	Rainhard Fendrich	Frühling in Berlin
	Klaus Hoffmann	Tegel
1986	**Reinhard Mey**	Berlin tut weh
1987	**John F. und die Gropiuslerchen**	Berlin, Berlin
	Johnny Clegg & Savuka	Berlin Wall
	City	Wand an Wand

1988	**Leonard Cohen**	First we take Manhattan, then we take Berlin
1989	**Klaus Hoffmann**	Derselbe Mond über Berlin
	Silly	Verlorene Kinder
1990	**Reinhard Mey**	Mein Berlin
	Rio Reiser	Sonnenallee
1991	**Nina Hagen**	Berlin (is dufte!)
	U2	Zoo Station
1992	**Silly**	Halloween in Ost-Berlin
	Harald Juhnke	Berlin, Berlin
1994	**Vicki Vomit**	Sommer in Berlin
1995	**The Ramones**	Born to die in Berlin
1996	**Funny van Dannen**	Urbanhafen
1999	**Funny van Dannen**	Berlin International
	Die Sterne	Big in Berlin
2000	**Reinhard Mey**	Serefina
	Surrogat	Berlin liebt Dich
	Bernd Begemann	Berlin war stärker
	Harleckinz	Berlin Love
	Ute Lemper	Streets of Berlin
	Einstürzende Neubauten	Die Befindlichkeit des Landes
2001	**Die Ärzte**	Westberlin
	Ellen Allien	Stadtkind
	Seeed	Dickes B
2002	**City**	Berlin 2
	Rosenstolz	Tag in Berlin
	Rocko Schamoni	Berlin Woman

2003	**Angelika Express**	Geh doch nach Berlin
	Ian Anderson	Pigeons flying over Berlin Zoo
	Kaiserbase	Berlin, du bist so wunderbar
	Martin Kesici	Angel of Berlin
	Robbie Williams	Berliner Star
2004	**Culcha Candela**	In da city
	BAP	Unger Linde enn Berlin
	Virginia Jetzt!	Der Himmel über Berlin
	Wise Guys	Hallo Berlin
	Fischer-Z	Back to Berlin
2005	**Bonnie Tyler**	Crying in Berlin
2006	**Roger Cicero**	So geil Berlin
2007	**Rainald Grebe & Die Kapelle der Versöhnung**	Single in Berlin
	Bloc Party	Kreuzberg
	Rufus Wainwright	Tiergarten
	Kante	Wer hierher kommt will vor die Tür

Abseits der gängigen Museumspfade

Bankmuseum der Commerzbank-Berlin

Beate Uhse Erotik-Museum

Berliner Medizinhistorisches Museum

Berliner-Unterwelten-Museum

Blinden-Museum Steglitz

Brauereimuseum Friedrichshagen

Das Klingende Museum

Das Verborgene Museum

Deutsches Schweinemuseum Ruhlsdorf

Grünauer Wassersportmuseum

Hanf Museum

Heinrich-Zille-Museum

Historisches Leuchtenmuseum

Labyrinth Kindermuseum

MACHmit! Museum für Kinder

Mori-Ogai-Gedenkstätte

Museum der Unerhörten Dinge

Museum der Verbotenen Kunst

Museumsdorf Düppel

Polizeihistorische Sammlung

Puppentheater-Museum

Ramones Museum

Rotkreuz-Museum

Sammlung Kindheit und Jugend

Schwules Museum

Werkbundarchiv – Museum der Dinge

Zucker-Museum

Die Dreikäsehoch

Die „Molecule Man" des US-amerikanischen Bildhauers Jonathan Borofsky in der Spree nahe der Elsenbrücke – Einheimische nennen die zwei 30 Meter hohen Aluminium-Männer auch „Die Dreikäsehoch" oder „Calgon-Männer"

Bemerkenswerte Berliner Strassennamen

Nomen est omen – nicht nur die Namen von Menschen verraten etwas über ihre Person, so nimmt man an. Auch wer die folgenden Straßennamen interpretiert, könnte zu mancherlei Schlüssen kommen. Ob diese allerdings Realitäten beschreiben, sei dahingestellt.

Abendfrieden
Achtrutenberg
Adlergestell
Adlerhorst
Am Feuchten Winkel
Am Lappjagen
Am Schlangengraben
Dienstweg
Entlastungsstraße
In den Zelten
Lange Enden
Lockenhuhnweg
Morgensonne
Neue Welt
Rauhfußgasse
Rosentreterpromenade
Schnatterinchenweg
Schwarzelfenweg
Straße 1
Unterwasserstraße
Wassernixenweg
Zornstraße
Zu den Sieben Raben
Zwerg-Nase-Weg

Statt Rot mach Blau, Berliner Blau

Um 1704 wollte der Berliner Chemiker und Farbenhersteller Heinrich Diesbach einen roten Farbstoff herstellen. Dabei ging ihm die zur Produktion notwendige Pottasche aus. Sein Kollege Johann Konrad Dippel bot ihm einen Ersatzstoff an – doch der reagierte ganz unerwartet mit der vorhandenen Mixtur: Der Farbstoff wurde nicht rot, sondern blau. Dippel verbesserte die Rezeptur und gemeinsam begann man die Produktion. Heute wird der Farbstoff Berliner Blau oder Preußisch Blau genannt.

In Berlin war der „Berliner Maler" nie

In der Berliner Antikensammlung befindet sich eine besonders kunstvoll bemalte Bauchamphora, die um 490 v. Chr. hergestellt wurde. Der Name des Künstlers ist unbekannt geblieben. Archäologen weisen ihm heute zwischen 200 und 250 Werke zu, die er etwa von 505 bis 460 v. Chr. geschaffen hat. Er gilt als Wegbereiter der attischen Frühklassik und als einer der begabtesten Vasenmaler seiner Zeit. Aufgrund des berühmten Berliner Exponats haben sich die Archäologen darauf verständigt, diesen Meister der Frühzeit „Berliner Maler" zu nennen.

Berlin im Spielfilm

Eine Auswahl von Filmen, in denen auch die Stadt Berlin eine Hauptrolle spielt:

Die Straße, Regie: Karl Grune, Deutschland 1923
Asphalt, Regie: Joe May, Deutschland 1928
Emil und die Detektive, Regie: Gerhard Lamprecht, Deutschland 1931
Berlin Alexanderplatz, Regie: Piel (= Phil) Jutzi, Deutschland 1931
M – Eine Stadt sucht einen Mörder, Regie: Fritz Lang, Deutschland 1931
Kuhle Wampe oder Wem gehört die Welt, Slátan Dudow, Deutschland 1932
Deutschland im Jahre Null (Originaltitel: Germania, anno zero), Regie: Roberto Rossellini, Italien/Deutschland 1947
Berliner Ballade, Regie: Robert A. Stemmle, Deutschland 1948
Eine Berliner Romanze, Regie: Gerhard Klein, DDR 1955/56
Die Halbstarken, Regie: Georg Tressler, BR Deutschland 1956
Der Hauptmann von Köpenick, Regie: Helmut Käutner, BR Deutschland 1956
Berlin, Ecke Schönhauser Straße, Regie: Gerhard Klein, DDR 1957
Eins, Zwei, Drei (Originaltitel: One, Two, Three), Regie: Billy Wilder, USA/BR Deutschland 1961
Der Spion, der aus der Kälte kam (Originaltitel: The spy who came in from the cold), Regie Martin Witt, Großbritannien 1966
Berlin um die Ecke, Regie: Gerhard Klein, DDR 1965/90, Erstaufführung 1990
Finale in Berlin (Originaltitel: Funeral in Berlin), Regie: Guy Hamilton, Großbritannien 1966
Cabaret, Regie: Bob Fosse, USA 1972

Die Legende von Paul und Paula, Regie: Heiner Carow, DDR 1974

Solo Sunny, Regie: Konrad Wolf, DDR 1978/79

Berlin Chamissoplatz, Regie: Rudolf Thome, BR Deutschland 1980

Christiane F. – Wir Kinder vom Bahnhof Zoo, Regie: Uli Edel, BR Deutschland 1981

Der Himmel über Berlin, Regie: Wim Wenders, BR Deutschland 1987

Coming out, Regie: Heiner Carow, DDR 1989

Die Berlin-Verschwörung (Originaltitel: Berlin Conspiracy), Regie: Terence H. Winkless, USA 1990

Berlin in Berlin, Regie: Sinan Cetin, Deutschland 1993

Das Leben ist eine Baustelle, Regie: Wolfgang Becker, Deutschland 1996

Lola rennt, Regie: Tom Tykwer, Deutschland 1998

Nachtgestalten, Regie: Andreas Dresen, Deutschland 1998

Sonnenallee, Regie: Leander Haußmann, Deutschland 1999

Berlin ist in Deutschland, Regie: Hannes Stöhr, Deutschland 2001

Goodbye, Lenin, Regie: Wolfgang Becker, Deutschland 2003

Herr Lehmann, Regie: Leander Haußmann, Deutschland 2003

Der Untergang, Regie: Oliver Hirschbiegel, Deutschland 2004

Die Bourne Verschwörung (Original: The Bourne Supremacy), Regie: Paul Greengrass, USA/Deutschland 2004

Sommer vorm Balkon, Regie: Andreas Dresen, Deutschland 2005

Das Leben der Anderen, Regie: Florian Henckel von Donnersmarck, Deutschland 2006

Märzmelodie, Regie: Martin Walz, Deutschland 2008

Helden aus der Nachbarschaft, Regie: Jovan Arsecic, Deutschland 2008

Wie empörend! – Skandale in und um Berlin

Der beim Publikum unbeliebte Generalmusikdirektor Gaspare Spontini dirigiert Mozarts „Don Giovanni"	1841
Korruptionsaffäre um Gebrüder Sklarek	1929
„Der Stellvertreter" von Rolf Hochhuth wird uraufgeführt	1963
Ein Polizist erschießt den Studenten Benno Ohnesorg	1967
Bundesliga-Skandal	1971
Die Affäre um den Steglitzer Kreisel	1974
KPM-Skandal	1977
Garski-Affäre	1980
Antes-Skandal	1986
Berliner Bankenskandal	2001
Fußball-Wettskandal	2005

Die Berliner Dueball-Dynastie und das Strategiespiel Go

Zu Beginn des 20. Jahrhunderts wurde das japanische Strategiespiel Go in Deutschland als Alternative zum Schach entdeckt. Seit dieser Zeit interessierte sich auch der 1879 in Berlin geborene und 1970 dort auch gestorbene Physiker und Hochschullehrer Dr. Felix Dueball für Go und setzte sich für seine Verbreitung ein.

Ab Mitte der 1920er-Jahre trafen sich im Sommer jährlich einige deutsche Go-Spieler zum Wettkampf. Felix Dueball schnitt jedes Mal am besten ab. Seine Spielkunst erregte sogar Aufmerksamkeit in der Heimat des Go. So erhielt er eine Einladung des japanischen Multimillionärs Baron Okura nach Japan und hielt sich dort 1930 für anderthalb Jahre auf. Sein Spiel konnte er in dieser Zeiter weiter perfektionieren. 1936 spielte Dueball eine Fernpartie Go gegen den ehemaligen japanischen Minister für Kultur, Hatoyama. Die laufende Partie wurde sowohl im „Völkischen Beobachter" als auch in der japanischen Zeitung „Nichi-Nichi" abgedruckt. Hatoyama entschied die Partie für sich.

1938 gewann Dueball ein erstmals ausgerichtetes Europaturnier, ein Vorläufer der Go-Europameisterschaft. Später trat sein Sohn, Dr. Fritz Dueball, in seine Fußstapfen: Er triumphierte bei den Europameisterschaften 1957 bis 1959. Auch in der dritten Generation setzte sich das Talent der Dueballs für das Go-Spiel fort: Felix' Enkel Jürgen Dueball wurde mehrfach Vize-Europameister.

Zoologischer Garten und Tierpark

Der 1844 eröffnete Zoologische Garten in Berlin ist Deutschlands ältester Zoo und der artenreichste der Welt. Der Tierpark im Osten Berlins wurde 1955 eröffnet. Nach der Wiedervereinigung 1990 wurde die Kooperation der beiden Zoos zunehmend intensiviert. Heute gibt es mit Dr. Bernhard Blaszkiewitz einen Direktor, der beide Zoos in Personalunion führt.

Zoo Berlin	Tierpark Berlin
1 149 Säugetiere in 188 Formen	1 467 Säugetiere in 196 Formen
2 680 Vögel in 408 Formen	2 797 Vögel in 419 Formen
434 Kriechtiere in 77 Formen	525 Kriechtiere in 115 Formen
422 Lurche in 45 Formen	17 Lurche in 4 Formen
3 747 Fische in 392 Formen	1 199 Fische in 142 Formen
5 290 Wirbellose in 278 Formen	1 950 Wirbellose in 100 Formen
insgesamt: 13 722 Tiere in 1 388 Formen	7 955 Tiere in 976 Formen

Stand: 31.12.2007

Tierische Stars des Berliner Zoos

- Gorilla Knorke (1943–2003)
- Flusspferd Knautschke (1943–1988)
- Flusspferd Bulette (1952–2005)
- Pandabär Bao Bao (* 1978)
- Eisbär Knut (* 2006) – ein ganz besonderes Kapitel

Treffpunkt für Tierfans

Das 1899 erbaute und im Zweiten Weltkrieg zerstörte Elefantentor am Zoo-Eingang Budapester Straße wurde 1984 originalgetreu wiedererrichtet. Etwa zwei Millionen Zoobesucher aus aller Welt passieren das Tor pro Jahr.

Eisbär Knut und die Folgen einer Kindheit als Medienstar

Wohl nie zuvor hat ein Zootier eine solche Aufmerksamkeit in der Medienwelt erhalten wie das Eisbärjunge, das im Berliner Zoo am 5. Dezember 2006 geboren wurde und bald darauf von seinem Pfleger Thomas Dörflein den Namen Knut erhielt. An die 100 Journalisten aus aller Welt drängelten sich am 23. März 2007 vor dem Gehege, als Knut seinen ersten öffentlichen Auftritt hatte. Die Geschichte von Knuts Überleben ging um die Welt. Anfangs drohte der von seiner Mutter verstoßene Knut an Fieber zu sterben. Doch Pfleger Dörflein wich in diesen ersten Lebensmonaten nicht von Knuts Seite. Er wachte nachts bei ihm, gab ihm die Flasche und sorgte für die besten Überlebensbedingungen. Doch auch ein Knut wird größer und längst ist ein enger Kontakt für Dörflein zu gefährlich geworden.

Der Medienrummel um Knut hatte außergewöhnliche wirtschaftliche Folgen. Anfang 2008 gab der Berliner Zoodirektor Bernhard Blaszkiewitz bekannt, dass der Berliner Zoo im Jahr 2007 rund 5 Millionen Euro zusätzlichen Gewinn durch den Eisbärnachwuchs erwirtschaftet hat. 750 000 Euro kamen durch Lizenzgebühren und Merchandising-Produkte zustande. An die 25 Lizenznehmer brachten Schmuck, T-Shirts, Käppies oder Süßigkeiten im Namen von Knut auf den Markt. Länger als die „Knuddel Knutscher" habe sich kein Trendprodukt gehalten, vermeldete etwa der Pressesprecher von Haribo. Der Plüschtierhersteller Steiff legte eine Sonderedition in sechs preislich abgestuften Variationen auf, und die Porzellanmanufaktur KPM profitierte ebenfalls mit Verkäufen von Eisbär-Porzellanfiguren bis nach China.

Doch wenn Geld im Spiel ist, geht es unter den Eisbärschutzbevollmächtigen nicht anders zu als unter ganz normalen Menschen. Dann wollen auch frühere Sorgeberechtigte einen Teil vom Kuchen. Schließlich kam der Vater von Knut 1999 aus Neumünster im Rahmen eines Zuchtleih-Vertrags nach Berlin. Gemäß dieses Vertrags gehören das erste überlebende Junge und alle weiteren „ungeraden" Nachkommen dem Zoo Neumünster. Für den Zoodirektor von Neumünster Peter Drüwa stellte es sich deshalb so dar, dass mit dem Eigentum Neumünsters in Berlin Geschäfte gemacht worden seien. Er meinte, der Zoo Neumünster habe einen Anteil an den zusätzlichen Gewinnen verdient.

Knut selbst nutzten die Einnahmen allerdings wenig. Weder in Berlin noch in Neumünster schien er eine dauerhafte Heimat zu finden. Die männlichen Tiere in beiden Zoos duldeten das Jungtier nicht. Die Suche nach einer Bleibe für Knut wurde europaweit aufgenommen.

Berlin auf dem Bildschirm: Fernsehserienwelten aus Berlin

Am grünen Strand der Spree, 6 Folgen, 1960, ARD

Till, der Junge von nebenan, 13 Folgen, 1967, ZDF

Drei Damen vom Grill, 140 Folgen, 1976–1991, ARD

Ich heirate eine Familie, 14 Folgen, 1983, ZDF

Zahn um Zahn, 43 Folgen in 3 Staffeln, 1985–1988, DDR 1

Teufels Großmutter, 12 Folgen, 1986, ZDF

Hals über Kopf, 34 Folgen, 1986–1990, ZDF

Praxis Büllowbogen, 107 Folgen in 6 Staffeln, 1987–1996, ARD

Liebling Kreuzberg, 58 Folgen in 5 Staffeln, 1986–1998, ARD

Spreepiraten, 26 Folgen in 2 Staffeln, 1989–1990, ZDF

Gute Zeiten – Schlechte Zeiten, mehr als 3950 Folgen, seit 1992, RTL

Immer wieder Sonntag, 31 Folgen, 1992–1996, ZDF

Motzki, 13 Folgen, 1993, ARD

Für alle Fälle Stefanie, 330 Folgen, 1995–2004, Sat.1

Max Wolkenstein, 20 Folgen und ein Pilotfilm, 1995–1996, Sat.1

Unser Charly, bislang 172 Folgen in 13 Staffeln, seit 1995, ZDF

Alle zusammen – Jeder für sich, 230 Folgen, 1996–1997, RTL 2

Geliebte Schwestern, 250 Folgen, 1997–1998, Sat.1

Dr. Sommerfeld – Neues vom Bülowbogen, 138 Folgen in 7 Staffeln, 1997–2004, ARD

Die schnelle Gerdi und die Hauptstadt, 6 Folgen, 2002, ARD

Berlin, Berlin, 86 Folgen in 4 Staffeln, 2002–2005, ARD

Edel & Starck, 52 Folgen in 4 Staffeln, 2002–2005, Sat.1

Meine schönsten Jahre, 8 Folgen, 2004, RTL

Sabine, 20 Folgen in 2 Staffeln, 2004–2005, ZDF

Kanzleramt, 13 Folgen, 2005, ZDF

König von Kreuzberg, 8 Folgen, 2005, Sat.1

Bis in die Spitzen, 13 Folgen, 2005, Sat.1

Unter den Linden – Das Haus Gravenhorst, 13 Folgen, 2005–2006, Sat.1

Verliebt in Berlin, Telenovela, 645 Folgen, 2005–2007, Sat.1

Türkisch für Anfänger, bislang 36 Folgen in 2 Staffeln, seit 2005, ARD

Schmetterlinge im Bauch, Telenovela, 123 Folgen, 2006–2007, Sat.1

Verrückt nach Clara, 8 Folgen, 2007, ProSieben

Berlin, wie es forscht und lehrt

Bedeutende wissenschaftlichen Einrichtungen

Humboldt-Universität zu Berlin
Freie Universität Berlin
Technische Universität Berlin
Universität der Künste
Kunsthochschule für Musik „Hanns Eisler"
Hochschule für Schauspielkunst „Ernst Busch"
Kunsthochschule Berlin Weißensee – Hochschule für Gestaltung
Alice-Salomon-Fachhochschule Berlin
Evangelische Fachhochschule Berlin
Fachhochschule für Technik und Wirtschaft Berlin
Fachhochschule für Verwaltung und Rechtspflege Berlin
Fachhochschule für Wirtschaft Berlin
Katholische Hochschule für Sozialwesen
Technische Fachhochschule Berlin

Ausseruniversitäre Forschungseinrichtungen

Institute der Fraunhofer-Gesellschaft
Helmholtz-Gemeinschaft Deutscher Forschungszentren
Max-Planck-Gesellschaft
Wissenschaftsgemeinschaft Gottfried-Wilhelm-Leibniz
Wissenschaftskolleg
Wissenschaftszentrum Berlin für Sozialforschung
Berlin-Brandenburgische Akademie für Wissenschaften
Deutsches Institut für Wirtschaftsforschung
Hertie School of Governance

Studieren in Berlin

Studierende an allen Berliner Hochschulen	
im Wintersemester 2005/06	132 822
weiblich	49,7 %
männlich	50,3 %
Wissenschaftliches und künstlerisches Personal	19 725
Bestandene Abschlussprüfungen	19 860
Promotionen	2 011
Habilitationen	168
darunter weiblich	33,3 %
Hochschulen	25
davon	
Universitäten	8
Kunsthochschulen	4
Fachhochschulen	10
Verwaltungsfachhochschulen	3
Mensen	27
Cafeterien	22
Studentenwohnheime	46
Plätze in Studentenwohnheimen	11 632
davon für Rollstuhlbenutzer	97
Unterbringungsquote	8,2 %

Quellen: Amt für Statistik Berlin-Brandenburg, Deutsches Studentenwerk

Stand: 2006

Medizinische Versorgung

Krankenhäuser	71
Aufgestellte Betten	19 895
Behandlungsfälle	694 518
Durchschnittliche Verweildauer in Tagen	8,4
Belegungstage	5 848 000

In Berlin sind 17 098 Ärzte tätig, davon

7 620 stationär
7 348 ambulant, darunter 6 913 niedergelassen
733 in Behörden
1 397 in sonstigen Bereichen

In Berlin sind 3 751 Zahnärzte tätig, darunter

196 Fachärzte für Kieferorthopädie
137 Fachärzte für Oralchirurgie

Ausstattung der Berliner Krankenhäuser mit medizinisch-technischen Großgeräten

53	Computertomographen
225	Dialysegeräte
31	Digitale Subtraktions-Angiografiegeräte
36	Gammakameras
14	Herz-Lungen-Maschinen
2	Positronen-Emissions-Computertomographen (PET)
25	Kernspin-Tomographen
29	Koronarangiografische Arbeitsplätze
3	Tele-Kobalt-Therapiegeräte
18	Linearbeschleuniger für die Strahlentherapie
11	Stoßwellenlithotripter
1	Protonentherapie der Charité am Hahn-Meitner-Institut

Quelle: Amt für Statistik Berlin-Brandenburg, Stand: 2006

Gebürtige Berlinerinnen

Franziska van Almsick (*1978), Schwimmerin

Marianne Birthler (*1948), Politikerin

Joy Denalane (*1973), Soul- und R-&-B-Sängerin

Ina Deter (*1947), Musikerin

Marlene Dietrich (*1901), Schauspielerin und Sängerin

Angelica Domröse (*1941), Schauspielerin

Brigitte Fassbaender (*1939), Opern- und Liedsängerin

Nina Hagen (*1955), Sängerin

Margot Hielscher (*1919), Schauspielerin

Regine Hildebrandt (*1941), Politikerin

Ariane Hingst (*1979), Fußballspielerin (Weltmeisterin 2003 und 2007)

Julia Jentsch (*1978), Schauspielerin

Nasstasja Kinski (*1961), Schauspielerin

Nicolette Krebitz (*1971), Schauspielerin und Musikerin

Elisabeth Noelle-Neumann (*1916), Sozialwissenschaftlerin und Demoskopin

Christiane Paul (*1974), Schauspielerin

Marianne Rosenberg (*1955), Sängerin

Anna Thalbach (*1973), Schauspielerin

Katharina Thalbach (*1954), Schauspielerin

Rahel Varnhagen (*1771), Schriftstellerin

Gebürtige Berliner

Boris Aljinovic (*1967), Schauspieler
Peer Augustinski (*1940), Schauspieler
Bela B. (bürgerlich Dirk Felsenheimer, *1962), Musiker in der Band „Die Ärzte“
Mario Barth (*1972), Komiker
Ernst Benda (*1925), ehemaliger Präsident des Bundesverfassungsgerichts
Walter Benjamin (*1892), Philosoph und Publizist
Heinz Berggruen (*1914), Kunsthändler und Kunstsammler
Curt Bois (*1901), Schauspieler
Rainer Brüderle (*1945), Politiker
Horst Buchholz (*1933), Schauspieler
Frank Castorf (*1941), Regisseur und Intendant
Roger Cicero (*1970), Sänger und Jazzmusiker
Max Delbrück (*1906), Genetiker und Biophysiker
Joachim Fest (*1926), Publizist und Autor
Fler (bürgerlich Patrick Decker, *1982), Rapper
Benno Fürmann (*1972), Schauspieler
Wilhelm Furtwängler (*1886), Dirigent
Adolf Glaßbrenner (*1810), Journalist und Autor
Walter Gropius (*1883), Architekt und Gründer des Bauhauses
Thomas Häßler (*1966), Fußballnationalspieler (Weltmeister 1990)
Carl Herlitz (*1867), Kaufmann und Begründer des gleichnamigen Familienunternehmens
Paul Heyse (*1830), Schriftsteller, Literaturnobelpreisträger
Henry Hübchen (*1947), Schauspieler
Peter Huchel (*1903), Lyriker und Redakteur
Alexander von Humboldt (*1769), Naturforscher
Harald Juhnke (*1929), Schauspieler und Entertainer
Klaus Kordon (*1943), Schriftsteller
Günter Kunert (*1929), Schriftsteller
Max Liebermann (*1847), Maler
Paul Lincke (*1866), Komponist

Pierre Litbarski (*1960), Fußballnationalspieler (Weltmeister 1990)
Albert Lortzing (*1801), Komponist
Wolf von Lojewski (*1937), Journalist
Herbert Marcuse (*1898), Soziologe und Philosoph
Ulrich Matthes (*1959), Schauspieler
Joseph Mendelssohn (*1770), Bankier
Reinhard Mey (*1942), Musiker und Liedermacher
Erich Mühsam (*1878), Schriftsteller
Helmut Newton (*1920), Fotograf
Günter Pfitzmann (*1924), Schauspieler und Kabarettist
Walter Rathenau (*1867), Industrieller und Politiker
Ivan Rebroff (bürgerlich Hans-Rolf Rippert, *1931), Sänger
Rio Reiser (bürgerlich Ralph Christian Möbius, *1950), Rockmusiker
Horst Eberhard Richter (*1923), Psychoanalytiker
Ilja Richter (*1952), Schauspieler
Hans Rosenthal (*1925), Moderator und Entertainer
Johann Gottfried Schadow (*1764), Bildhauer
Alfred von Schlieffen (*1833), Generalfeldmarschall
Gustav Scholz (*1930), Boxer
Wolf Jobst Siedler (*1926), Publizist und Verleger
William Stern (geboren als Wilhelm Stern, *1871), Begründer der Differenziellen Psychologie
Willy Stoph (*1914), Politiker, Staatsratsvorsitzender der DDR
Gustav Stresemann (*1878), Politiker
Farin Urlaub (bürgerlich Jan Vetter, *1963), Musiker in der Band „Die Ärzte"
Kurt Tucholsky (*1890), Journalist und Schriftsteller
Klaus Wagenbach (*1930), Verleger
Joseph Weizenbaum (*1923), Informatiker und Publizist
Otto Wels (*1873), Politiker
Klaus Wowereit (*1953), Politiker
Carl Friedrich Zelter (*1758), Komponist, Dirigent, Musikpädagoge
Konrad Zuse (*1910), Bauingenieur, Erfinder und Computerpionier

Berlin in Zitaten

„Berlin ist mehr ein Weltteil als eine Stadt."
Jean Paul Richter (1763–1825), deutscher Schriftsteller

„Alle freien Menschen, wo immer sie leben mögen, sind Bürger dieser Stadt Westberlin, und deshalb bin ich als freier Mann stolz darauf, sagen zu können: Ich bin ein Berliner!"
John F. Kennedy (1917–1963), 35. Präsident der USA (1961–1963)

„Wer Berlin zur neuen Hauptstadt macht, schafft geistig ein neues Preußen."
Konrad Adenauer (1876–1967), erster Bundeskanzler der Bundesrepublik Deutschland (1949–1963)

„Berlin wird leben und die Mauer wird fallen."
Willy Brandt (1913–1992), vierter Bundeskanzler der Bundesrepublik Deutschland (1969–1974), am 10. November 1989 vor dem Rathaus Schöneberg

„Berlin ist arm, aber sexy."
Klaus Wowereit (* 1953), seit Juni 2001 Regierender Bürgermeister von Berlin

Ick bin ein Berliner!

Für jeden Geschmack das richtige Kino

Kino	Bemerkenswertes
Acud	Kunstverein mit Kino
Adria	
Alhambra	
Arsenal – Filmmuseum Berlin	Filmkunst wird hier großgeschrieben
Astra Filmpalast	
Filmkunsthaus Babylon	Programm- und kommunales Kino
Balazs	
Bali	
Berlinale Palast	am Potsdamer Platz wird das Musicaltheater zum Gala-Kino
Blauer Stern	
Brotfabrik	
Casablanca	
Central	zwischen Kunst und Kommerz neben den Hackeschen Höfen
Cinema Paris	Samt und Dekor der 1950er-Jahre
City Kino	
Delphi Filmpalast	im ehemaligen Tanzpalast die Filmkunst
Dokument-Kino	
Eva-Lichtspiele	
Eiszeit	Experimentierfreude im Hinterhof
Filmkunst 66	
Film-Palast Berlin	
Filmrauschpalast in der Kulturfabrik Moabit	
fsk-Kino am Oranienplatz	bevorzugt Original mit Untertiteln

Die neuen Kant-Kinos	Konzertsaal der 1970er-Jahre
International	das Premierenkino der DDR
Intimes	
Kino an der TUB	
Kino Kiste	
Kino im FEZ (Kinderfilm Berlin e. V.)	
Klick	
Die Kurbel	
Lichtblick	
Moviemento	legendäres Kino in Kreuzberg
Provinz	
Regenbogenkino	
Sputnik Höfe am Südstern	
Thalia	
Titania	das Glanzvollste Kino in den 20ern
Kino Toni und Tonino	gehört dem Regisseur Michael Verhoeven
Ufa-Palast Kosmos	
Union-Filmtheater	
Xenon	widmet sich überwiegend schwul-lesbischen Themen
Zeughauskino	
Zoo-Palast	bis 1999 das zentrale Wettbewerbskino der Berlinale

Berlin live

Man muss nicht in Berlin sein, um Berlin zu sehen. Das Internet hilft. Mit Webcams können Sie rund um die Uhr das Geschehen an folgenden Orten beobachten:

Alexanderplatz

Schlossbrücke und Palast der Republik

Unter den Linden Richtung Brandenburger Tor

Potsdamer Platz

Landwehrkanal

Tiergarten

Breitscheidplatz

Bahnhof Zoo

Berliner Dom

Berliner Rathaus

Wannsee

Dahlem

Kurfürstendamm

Müggelsee Nordufer

Marzahn-Hellersdorf

Prenzlauer Berg Greifswalder Straße

Bundeskanzleramt

Olympiastadion

www.berlinmonitor.com

www.berlin.de/webcams/

www.berlinstreet.de/praktisch/webcams.shtml

Linie 1 – Das Musical

Eines der erfolgreichsten deutschen Musicals kommt aus Berlin: „Linie 1" wurde im GRIPS Theater am Hansaplatz am 30. April 1986 uraufgeführt und anschließend von zahllosen Bühnen im In- und Ausland ins Programm genommen. Über Jahre war das Musical das meistinszenierte, meistaufgeführte und meistbesuchte Theaterstück im deutschsprachigen Theaterraum. Volker Ludwig schrieb das Buch und die Liedtexte, Birger Heymann zusammen mit der Rockband „No Ticket" die Musik.

Das Musical erzählt die Geschichte von einem Mädchen, das auf dem Land lebt und nach Berlin kommt, um dort einen Jungen zu suchen, in den sie sich verliebt hat und als dessen Freundin sie sich fühlt. Während der U-Bahnfahrt in der Linie 1 begegnet sie verschiedenen Typen aus dem Berliner Milieu. Die Handlung spielt vor allem auf dem Streckenabschnitt zwischen Bahnhof Zoo und dem Schlesischen Tor in Kreuzberg.

Unter der Regie von Reinhard Hauff wurde das Musical 1988 erfolgreich verfilmt.

Immobilienpreise – Tendenz: steigend

Immobilienmakler sind sich einig: Die Preise auf dem Berliner Immobilienmarkt werden weiter steigen. In bevorzugten Lagen wie in Friedenau und rund um den Kollwitzplatz im Prenzlauer Berg beträgt die Leerstandquote für Eigentumswohnungen nur noch etwa drei Prozent. Auch in Charlottenburg und Wilmersdorf, in einigen Gebieten von Mitte und in der Spandauer Vorstadt sind kaum noch Eigentumswohnungen auf dem Markt. Verschaffen Sie sich anhand der folgenden Preise und Angebotsbeispiele selbst ein Bild:

Durchschnittlicher Preis für ...

... **Eigentumswohnungen,** Neubau/Erstbezug, pro m²	2 590 Euro
... **Wohnungen aus dem Bestand** (ca. 10 bis 15 Jahre alt), pro m²	1 680 Euro
... **Einfamilienhäuser** (Neubau/Erstbezug, ca. 175 m² Wohnfläche)	310 000 Euro
... **Reihenhäuser** (Neubau/Erstbezug, ca. 120 m² Wohnfläche)	258 800 Euro

Quelle: Immobilienpreise 2006/2007, hrsg. v. IVD Berlin-Brandenburg e. V.

Die Schlange über der Autobahn

Bis Mitte der 1970er-Jahre gab es zu wenige Wohnungen in West-Berlin. So entstanden in Randlagen Großsiedlungen wie das Märkische Viertel und Gropiusstadt. Doch auch näher zum Zentrum hin versuchte man neue Räume für mehr Wohnungen zu erschließen. Als von 1970 bis 1971 die Bundesautobahn A 104, der südliche Abzweig der Bundesautobahn A 100, gebaut wurde, gab es Planungen, dieses Autobahnteilstück zu überbauen.

Zwischen 1976 und 1980 wurden die Pläne verwirklicht und die Autobahn auf einer Länge von 600 Metern mit einem Wohnkomplex überbaut. Das Hauptgebäude, die direkte Autobahnüberbauung Schlangenbader Straße, besitzt eine maximale Höhe von 46 Metern und erstreckt sich über die Gesamtlänge. Dieses Gebäude beinhaltet 1 064 Wohneinheiten und zählt damit zu den größten zusammenhängenden Wohnkomplexen Europas. In der angrenzenden Randbebauung sind weitere 694 Wohneinheiten untergebracht. Die Konzeption des Gebäudes mit seinen unterschiedlichen Tiefen und Terrassen gestattete 120 unterschiedliche Wohnungsvarianten bei einer Wohnungsgröße zwischen 40 und 120 Quadratmetern. Außerdem gibt es 28 Gewerberäume mit insgesamt 7 210 Quadratmetern Fläche, zwei Tiefgaragen und ein Parkhaus.

Der Berliner Volksmund hat für den Wohnkomplex schnell einen eigenen Namen gefunden. Die Schlangenbader Straße zusammen mit der länglichen Form des Wohnkomplexes stand dafür Pate. Und so erklärt sich, dass „die Schlange" in Wilmersdorf nicht nur auf, sondern auch über der Autobahn zu finden ist.

Einsatz in Berlin

TV-Reihen

Tatort, bislang 62 Folgen, seit 1971, ARD

Rosa Roth, bislang 23 Folgen, seit 1994, ZDF

Ein starkes Team, bislang 38 Folgen, seit 1994, ZDF

Sperling, 18 Folgen, 1996–2007, ZDF

Eva Blond, 6 Folgen, 2002–2006, Sat.1

TV-Serien

Wolffs Revier, 172 Folgen in 13 Staffeln, 1992–2006, Sat.1

Im Namen des Gesetzes, bislang 173 Folgen in 12 Staffeln, seit 1994, RTL

Die Straßen von Berlin, 22 Folgen in 4 Staffeln, 1995–2000, ProSieben

T.E.A.M. Berlin, 4 Folgen, 1998, ZDF

HeliCops – Einsatz über Berlin, 34 Folgen in 3 Staffeln, 1998–2001, Sat.1

Der letzte Zeuge, 73 Folgen in 9 Staffeln, 1998–2006, ZDF

Der Kriminalist, bislang 14 Folgen in 2 Staffeln, seit 2006, ZDF

Deadline – Jede Sekunde zählt, 9 Folgen, 2007, Sat.1

KDD – Kriminaldauerdienst, bislang 2 Pilotfilme und 18 Folgen in 2 Staffeln, 2007, ZDF

Berliner Tatort-Kommissare

1971–1972	**Kriminalhauptkommissar Erwin Kasulke** (Paul Esser), 2 Folgen
1975–1977	**Kriminalhauptkommissar Martin Schmidt** (Martin Hirthe), 3 Folgen
1978–1979	**Kriminalhauptkommissar Matthias Behnke** (Hans Peter Korff), 2 Folgen
1981–1985	**Kriminalhauptkommissar Friedrich Walther** (Volker Brandt), 6 Folgen
1985–1989	**Kriminalhauptkommissar Hans Georg Bülow** (Heinz Drache), 6 Folgen
1991–1995	**Kriminalhauptkommissar Franz Markowitz** (Günter Lamprecht), 8 Folgen
1996–1998	**Kriminalhauptkommissar Roiter** (Winfried Glatzeder) und **Kommissar Zorowski**, (Robinson Reichel), 12 Folgen
1999–2000	**Kriminalhauptkommissar Till Ritter** (Dominic Raacke) und **Kriminalhauptkommissar Robert Hellmann** (Stefan Jürgens), 6 Folgen
seit 2001	**Hauptkommissar Till Ritter** (Dominic Raacke) und **Kriminalhauptkommissar Felix Stark** (Boris Aljinovic), bislang 18 Folgen

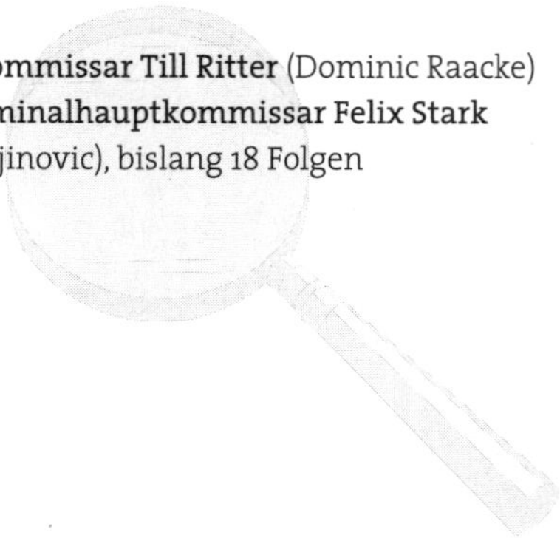

Moderne Architektur

Bauhaus-Archiv

Europa-Center

Fernsehturm

Friedrichstadtpassagen

Gemäldegalerie

Hansaviertel

Haus der Kuturen der Welt

Internationales Congress Centrum

Jüdisches Museum

Kant-Dreieck

Kammermusiksaal

Karl-Marx-Allee

Kulturforum

Le-Corbusier-Haus

Ludwig-Erhard-Haus

Neue Nationalgalerie

Pariser Platz

Potsdamer Platz

Philharmonie

Regierungsviertel

Reichstagsgebäude

Staatsbibliothek

Tegel – IBA-Viertel

Tower-Power am Potsdamer Platz

*Kollhoff-Tower und BahnTower –
Kunst aus Backstein und Glas*

Premieren und Pioniertaten in Berlin

1788 entdeckt der Apotheker und Chemiker Martin Heinrich Klaproth (1743–1817) in Berlin das Uranium und die Zirkonerde.

1811 steigt Wilhelmine Reichard (1788–1848) vor den Augen tausender Berliner und den Angehörigen des deutschen Königshauses als erste Frau allein in einem Heißluftballon auf.

1811 richtet „Turnvater" Friedrich Ludwig Jahn (1778–1852) in der Hasenheide den ersten öffentlichen Turnplatz ein.

Ab dem **1. Juli 1855** hängt an der ersten vom Berliner Buchdrucker und Verleger Ernst Theodor Amandus Litfaß (1816–1874) errichteten Anschlagsäule Werbung.

Der im Jahr **1863** angelegte Türkische Friedhof in Berlin gilt als älteste Begräbnisstätte für Muslime in Deutschland.

Ende des 19. Jahrhunderts verkauft der Fleischermeister Cassel in der Potsdamer Straße in Schöneberg gepökeltes und leicht geräuchertes Schweinefleisch. Es wird unter dem Namen Kassler zu einem traditionellen Fleischgericht der deutschen Küche.

Am **16. Mai 1881** wird die erste elektrische Straßenbahn der Welt in Groß-Lichterfelde in Betrieb genommen. Sie führte vom Bahnhof Lichterfelde zur Haupt-Kadettenanstalt. Entwickelt, gebaut und betrieben wurde sie von dem Unternehmen Siemens & Halske.

1883 erfindet Anton von Werner (1843–1915) eine drehbare Plattform, auf der die Betrachter eines Gemäldes in Rundform, einer sogenannten Rotunde, nach zwanzig Minuten automatisch ins Freie befördert werden. Von nun an vervielfachen die Betreiber solcher Vergnügungsmöglichkeiten ihre Einnahmen.

Am **1. November 1895** findet die erste öffentliche Filmvorführung in Deutschlands statt. Sie war Bestandteil eines Programms im Varieté „Wintergarten". Max Skladanowsky (1863–1939) präsentierte „lebende Photografien" mit Hilfe des von ihm entwickelten „Bioscops".

Ende der 1890er-Jahre erfindet die Berlinerin Käte Paulus (1868–1935) den zusammenfaltbaren Fallschirm.

Am **22. Oktober 1904** bringt der Ullstein Verlag die „BZ am Mittag" heraus. Zum ersten Mal wird eine Zeitung im Straßenverkauf angeboten.

1908 gründet Edmund Rumpler (1872–1940) mit der Luftfahrzeugbau GmbH die erste deutsche Flugzeugfabrik in Berlin.

Am **26. September 1909** wird der Motorflugplatz Johannisthal-Adlershof als erster Flugplatz Deutschlands eröffnet. Nach Reims in Frankreich ist er der zweite Flugplatz Europas.

Am **13. September 1911** besteht Amelie Hedwig „Melli" Beese (1886–1925) als erste Frau in Deutschland die Flugprüfung.

1912 entwickelt der Chemiker Julius Fromm (1883–1945) in Berlin ein Verfahren zur Herstellung nahtloser Kondome.

1921 wird die Automobil-Verkehrs- und Übungs-Straße, AVUS, als erste Autobahn Deutschlands eingeweiht.

Am **17. September 1922** findet die erste öffentliche Tonfilmvorführung in Deutschland im Kino Alhambra am Kurfürstendamm statt.

Im **September 1924** wird der „Post SV Berlin" als Deutschlands erster Postsportverein gegründet.

1926 wird vom Berliner Funkturm aus das erste Fernsehbild der Welt ausgestrahlt.

1929 wird das nach Plänen von Hans Poelzig (1869–1936) erbaute „Haus des Rundfunks" eröffnet. Es ist Deutschlands erstes Funkhaus.

1932 gewinnt der Berliner Radrennfahrer Kurt Stöpel (1908–1997) als erster Deutscher eine Etappe der Tour de France. Mit einem Rückstand von 24 Minuten belegt er nach Abschluss der Tour den zweiten Platz im Gesamtklassement.

Bei den Olympischen Sommerspielen **1956** in Melbourne gewinnt der Boxer Wolfgang Behrendt (* 1936) die Goldmedaille im Bantamgewicht und wird damit der erste Olympiasieger der DDR.

Am **25. August 1967** betätigt Willy Brandt während der 25. Berliner Funkausstellung einen symbolischen roten Einschaltknopf, womit in Deutschland das Zeitalter des Farbfernsehens beginnt.

Am **1. November 1976** wird das erste Frauenhaus Deutschlands in Berlin eröffnet.

Am **22. Februar 1993** nimmt mit der Berliner Tafel die erste Hilfsorganisation ihrer Art die Arbeit auf.

Die 15 meistbesuchten Museen Berlins

Museum	Besucher (2006)
Pergamonmuseum	959 955
Deutsches Historisches Museum	904 429
Haus am Checkpoint Charlie	860 000
Altes Museum mit Ägyptischem Museum	746 876
Jüdisches Museum	715 070
Stiftung Stadtmuseum (alle Häuser, darunter die Nikolaikirche mit 403 352 Besuchern)	543 276
Topographie des Terrors	500 000
Gemäldegalerie/Kulturforum	498 078
Deutsches Technikmuseum	485 906
Schloss Charlottenburg	479 448
Stiftung Denkmal für die ermordeten Juden Europas	468 500
Neue Nationalgalerie	417 663
Alte Nationalgalerie	305 494
Deutscher Dom – Ausstellung zur Parlamentarischen Demokratie in Deutschland	248 104
Gedenkstätte Berliner Mauer	229 000

Galerie der Ehrenbürger

Bis Mitte 2008 sind 115 Personen zu Ehrenbürgern Berlins ernannt worden. Die Ehrenbürger dürfen einen Künstler auswählen, der auf Kosten des Landes Berlin ein Bild von ihnen malt. So entstand ab 1947 die Galerie der Ehrenbürger im Abgeordnetenhaus von Berlin. Sie umfasst Porträts der folgenden 49 Personen.

Hugo Heimann (1859–1951), Stadtverordneter von Berlin, Reichstagsabgeordneter
Rudolf Wissell (1869–1962), Mitglied des Reichstags, Reichsarbeitsminister 1928–1932
Theodor Heuss (1884–1963), Bundespräsident
Paul Löbe (1875–1967), Reichstagspräsident
Louise Schroeder (1887–1957), Reichstagsabgeordnete, Oberbürgermeisterin von Berlin 1947/48
Jakob Kaiser (1888–1961), Reichstagsabgeordneter, Bundesminister für Gesamtdeutsche Fragen
Otto Friedrich Karl Dibelius (1880–1967), Bischof von Berlin
Marie Elisabeth Lüders (1878–1966), Reichstagsabgeordnete, Alterspräsidentin des Bundestags
Heinrich Lübke (1894–1972), Bundespräsident
Lucius Dubignon Clay (1897–1987), General der US-Armee
Otto Heinrich Warburg (1883–1970), Leiter des Instituts für Zellphysiologie in Berlin-Dahlem
Konrad Adenauer (1876–1967), Bundeskanzler
Nelly Sachs (1891–1970), Schriftstellerin
Otto Hahn (1879–1968), Nobelpreisträger für Chemie
Hans Scharoun (1893–1972), Architekt
Otto Nagel (1894–1967), Maler, Präsident der Deutschen Akademie der Künste in Berlin (Ost)
Heinrich Zille (1858–1929), Zeichner
Karl Schmidt-Rottluff (1884–1976), Maler
Heinrich Grüber (1891–1975), Theologe und Widerstandskämpfer
Willy Brandt (1913–1992), Regierender Bürgermeister von West-Berlin, Bundeskanzler
Ferdinand Friedensburg (1886–1972), Reichstagsabgeordneter, amtierender Oberbürgermeister von Berlin 1948

Franz Neumann (1904–1974), Widerstandskämpfer gegen das NS-Regime, Bundestagsabgeordneter
Hans Reif (1899–1984), Mitglied des Parlamentarischen Rats, Bundestagsabgeordneter und Abgeordneter von Berlin
Herbert von Karajan (1908–1989), Leiter des Philharmonischen Orchesters Berlin
Gustav Heinemann (1899–1976), Bundespräsident
Nikolai Bersarin (1904–1945), Marschall der Roten Armee, erster Stadtkommandant von Berlin
Anna Seghers (1900–1983), Schriftstellerin
Walerie Bykowski (*1934), Kosmonaut
Sigmund Jähn (*1937), Kosmonaut
Walter Scheel (*1919), Bundespräsident
Johann Baptist Gradl (1904–1988), Leiter des Berliner Büros der Exil-CDU, Bundestagsabgeordneter
Shepard Stone (1908–1990), Direktor des Aspen-Instituts für humanistische Studien in Berlin
Wolfgang Heinz (1990–1984), Schauspieler
Karl Carstens (1914–1992), Bundespräsident
John Jay McCloy (1895–1989), Hochkommissar in Deutschland
Wieland Herzfelde (1896–1988), Künstler
Heinz Galinski (1912–1992), Vorsitzender der Jüdischen Gemeinde in Berlin
Helmut Schmidt (*1918), Bundeskanzler
Richard Freiherr von Weizsäcker (*1920), Regierender Bürgermeister von Berlin, Bundespräsident
Michael Gorbatschow (*1931), Generalsekretär der KPdSU, Präsident der Sowjetunion
Helmut Kohl (*1930), Bundeskanzler
Ronald Reagan (1911–2004), Präsident der USA
Hans-Dietrich Genscher (*1927), Bundesaußenminister
Edzard Reuter (*1928), Unternehmer
Roman Herzog (*1934), Bundespräsident
Dietrich Fischer-Dieskau (*1925), Sänger
Egon Bahr (*1922), Sprecher des Berliner Senats, Berater von Bundeskanzler Willy Brandt
Marlene Dietrich (1901–1992), Schauspielerin und Sängerin
Johannes Rau (1931–2006), Bundespräsident
Heinz Berggruen (1914–2007), Kunstmäzen

Bonn oder Berlin?

Am 20. Juni 1991 beschloss der Deutsche Bundestag, den Sitz von Bundesregierung und Bundestag von Bonn nach Berlin zu verlegen. Die kontroverse Debatte um die Verlegung des Regierungssitzes wurde von der ganzen Republik an den Bildschirmen verfolgt. Mit einer knappen Mehrheit von 18 Stimmen stimmte das Parlament schließlich für Berlin.

Zunächst zogen nach Berlin:

Bundeskanzleramt
Bundespresseamt
Auswärtiges Amt
Innenministerium
Finanzministerium
Justizministerium
Wirtschaftsministerium
Arbeitsministerium
Verkehrsministerium
Familienministerium

Folgende Ministerien verblieben in Bonn, jeweils mit einem zweiten Dienstsitz in Berlin:

Landwirtschaftsministerium
Verteidigungsministerium
Gesundheitsministerium
Umweltministerium
Bildungsministerium
Bundesministerium für wirtschaftliche Zusammenarbeit und Entwicklung

Der Hauptstadtbeschluss hatte außerdem Folgen, die das Parlament sicher nicht im Blick hatte. Berliner Kneipen entdeckten das Kölsch als verkaufsträchtige Biersorte und erhielten Konkurrenz durch neu eröffnete Lokale, die rheinländisches Brauchtum pflegen. Das Karnevalfeiern nahm einen beachtlichen Aufschwung. Feier- und Trinkgewohnheiten legt eben kein Rheinländer gern ab, nur weil er wegen des Regierungssitzes nach Berlin ziehen muss.

Ein Teil der Gebäudegruppe des Bundeskanzleramts im Spreebogen – im Berliner Volksmund wird das Gebäudeensemble auch „Elefantenklo“, „Bundeswaschmaschine“ oder „Kanzlerwaschmaschine“ genannt

Hier fliesst das Kölsch

Das „Malustra“ in Schöneberg kann sich zugute halten, als erste Berliner Gaststätte durstigen Rheinländern an der Spree zu Hilfe geeilt zu sein. Seit 1978 gibt es in dem Lokal Kölsch vom Fass.

Malustra, Martin-Luther-Straße 42, Schöneberg

Berliner Republik, Schiffbauer Damm 8, Mitte

Gaffel Haus Berlin, Taubenstraße 26, Mitte

Gaststätte W. Prassnik, Torstraße 65, Mitte

Köbes, Wilhelmstraße 41a, Kreuzberg

Kölsche Römer, Albrechtstraße 12, Mitte

Ständige Vertretung „StäV“, Schiffbauerdamm 8, Mitte

Weinstube Picollo, Reinhardtstraße 37, Mitte

Platzhirsch, Granseer Straße 6, Mitte

Zoulou Bar, Hauptstraße 4, Schöneberg

Zum Anker, Charlottenburger Ufer 6, Charlottenburg

Zum Hörnchen, Dahlmannstraße 14, Wilmersdorf

Zum fröhlichen Rheinländer, Otto Suhr Allee 144, Charlottenburg

Heiterkeit und Jokus

Zwar herrscht zu den Karnevalstagen in Berlin nicht der rheinländische Ausnahmezustand, doch seit Mitte der 1990er-Jahre lassen sich immer mehr Menschen in Berlin vom närrischen Treiben begeistern. Heute ist Karneval in Berlin nicht mehr nur ein kopfschüttelnd betrachtetes Ereignis für eine merkwürdige Minderheit. Als 2001 der erste Karnevalsumzug nach dem Krieg stattfand, säumten bereits 250 000 Menschen den Zugweg durch die Mitte Berlins. In den folgenden Jahren stieg die Zuschauerzahl regelmäßig an. Den Umzug am Karnevalssonntag 2007 über den Kurfürstendamm und die Kurfürstenstraße zum Ernst-Reuter-Platz sollen 1,2 Millionen Menschen verfolgt haben. Manche Zeitung vor Ort konnte diese Zahl allerdings nicht recht glauben und berichtete von etwa 750 00 Zuschauern.

Dabei hat der Berliner Karneval eine lange Tradition, kamen doch immer wieder rheinländische Zuwanderer in die Stadt, die ihre Karnevalsbräuche weiterlebten. So gründeten sich schon 1870 die ersten Rheinländischen Karnevalsklubs in Berlin, die nach Ende des Ersten Weltkriegs großen Zulauf fanden.

Nach dem Zweiten Weltkrieg dauerte es einige Zeit, bis man sich dieser Tradition erinnerte. In Westberlin wurde 1968 der erste Karnevalsverein nach dem Krieg unter dem Namen „Berliner Carneval-Verein“ neu gegründet. Weitere kamen hinzu, und auch in Ostberlin lebte der Karneval wieder auf. Im Jahr 1990 schlossen sich noch vor der politischen Vereinigung die West- und Ostberliner Karnevalsverbände im Landesverband Berliner Karneval e. V. zusammen. Der Narrenruf der Berliner ist vom Motto „Heiterkeit und Jokus“ abgeleitet und lautet „Hei-Jo“.

Gute Ziele für Gourmets

Der „Guide Michelin“ bewertet mit Sternen, maximal drei Sterne können erreicht werden.

Der „Gault Millau“ bewertet mit Punkten bzw. Kochmützen. Vergeben werden maximal 20 Punkte.

Fischers Fritz im The Regent Berlin Charlottenstraße 49	2 Sterne	18 Punkte
Restaurant 44 Im Swissôtel Berlin Augsburger Straße 44	1 Stern	18 Punkte
Restaurant „first floor“ im HOTEL PALACE BERLIN Budapester Straße 45	1 Stern	18 Punkte
Hugos Restaurant im InterContinental Berlin Budapester Straße 2	1 Stern	18 Punkte
Die Quadriga im Brandenburger Hof Berlin Eislebener Straße 14	1 Stern	17 Punkte
Facil 5. Etage, Zugang The Mandala Hotel Potsdamer Straße 3	1 Stern	17 Punkte

Gourmet Restaurant Lorenz Adlon im Hotel Adlon Kempinski Berlin Unter den Linden 77	1 Stern	17 Punkte
Margaux Unter den Linden 78	1 Stern	17 Punkte
Restaurant Vitrum Potsdamer Platz 3 (im Beisheim Center)	1 Stern	17 Punkte
Vau Jägerstraße 54/55	1 Stern	16 Punkte
Weinbar Rutz Chausseestraße 8	1 Stern	16 Punkte
Alt Luxemburg Windscheidstraße 31		17 Punkte
Ana e Bruno Sophie-Charlotten-Straße 101		17 Punkte

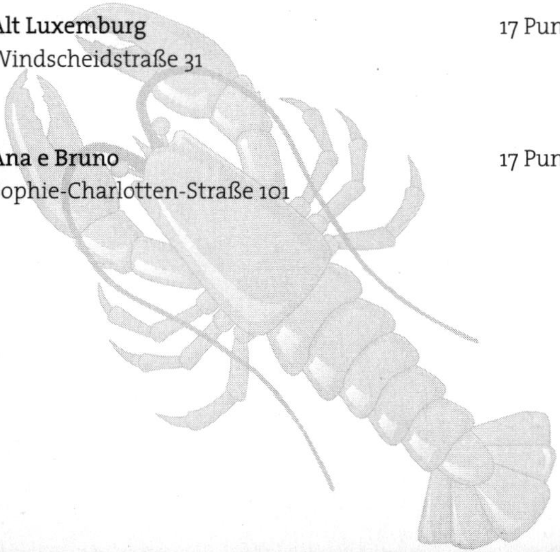

Currywurstkrieg zwischen Hamburg und Berlin

Eine Novelle brachte 1993 einen Streit in die Welt, der den dankbaren Medien Konfliktstoff für das nachrichtenarme Sommerloch bescherte: Schließlich gibt es außer mündlichen Überlieferungen keine Zeugnisse über „Die Entdeckung der Currywurst", so der Titel des Prosatextes von Uwe Timm. Der gebürtige Hamburger erzählt hier, wie eine Hamburger Imbissverkäuferin per Zufall die Currywurst erfindet – und zwar 1947, zwei Jahre, bevor die Berlinerin Herta Heuwer an ihrem Imbiss in der Nähe des Stuttgarter Platzes in Charlottenburg vermeintlich zum ersten Mal eine Currywurst angeboten hat.

Uwe Timms einziger Beleg ist sein eigenes Gedächtnis: Seiner Erinnerung nach hat er selbst 1947 eine Currywurst in Hamburg verspeist. Die Indizienbasis für Herta Heuwer als Currywurst-Erfinderin ist zwar breiter, doch harte Fakten gab es erst später. Erst 1959 ließ sie Chilliup, den Namen ihrer Sauce, als Marke schützen. Zu jener Zeit war ihr Imbissstand in Charlottenburg längst eine Berliner Institution.

Wir sagen: Egal, ob die Currywurst in Berlin, Hamburg oder im Ruhrgebiet erfunden wurde – Hauptsache, sie schmeckt!

Reiseführer empfehlen folgende Berliner Currywurstbuden

Konopkes Imbiss
Schönhauser Allee 44a, Prenzlauer Berg

Witty's
Wittenbergplatz 5, Schöneberg

Curry 36
Mehringdamm 36, Kreuzberg

Krasselt's Imbiss
Steglitzer Damm 22, Steglitz

Traditionelle Berliner Küche

Gepökeltes Eisbein mit Erbspüree

Kasseler mit Sauerkraut

Leber „Berliner Art“ mit Äpfeln, Zwiebeln und Stampfkartoffeln

Gänsebraten mit Grünkohl und gekochten Kartoffelklößen

Frikassee „Berliner Art“, ein Ragout aus Hühnerfleisch mit Kalbsbries und Kalbszunge

Bollenfleisch (Zwiebelfleisch)

Berliner Schnitzel (panierte und gebratene Scheiben vom Kuheuter)

Rindfleisch „Berliner Art“ (gekochte Rinderbrust mit Meerrettich-Sauce)

Buletten (Frikadellen)

„Falscher Hase“ (Hackbraten)

Gefüllte Schmorgurken

Sülzkotelett und Sülze, serviert mit Remoulade und Bratkartoffeln

„Stolzer Heinrich“ (Schweinsbratwurst in Bier-Sauce)

Teltower Rübchen

Hoppelpoppel, ein Pfannengericht aus Bratkartoffeln, Bratenresten, Eiern und Sahne

Kaffeezeit in Berlin

Berliner Brot

Zutaten: 75 g Vollmilch-Schokolade, 2 Eier, 250 g brauner Zucker, 70 g Apfelkraut, 2 EL Rum, 1 Messerspitze Piment, 1 EL Zimt, 250 g Mehl, 1 TL Backpulver, 125 g gehackte Mandeln, 40 g gewürfeltes Zitronat, 50 g Puderzucker, 1 EL Zitronensaft

So wird's gemacht: Schokolade raspeln. Eier und zwei Esslöffel Wasser schaumig rühren. Zucker nach und nach unterrühren, bis die Masse dickcremig ist. Apfelkraut, Rum, Gewürze, Mehl, Backpulver, Mandeln, Zitronat und Schokolade zufügen. Alles gut verrühren. Backofen auf 200 °C vorheizen. Teig auf ein Blech mit Backpapier streichen. Auf mittlerer Schiene 20 Minuten backen. Teigplatte stürzen. Papier anfeuchten, abziehen, Teig sofort in Rechtecke schneiden. Mit Zitronenglasur bestreichen.

Altberliner Apfeltorte

Zutaten: 300 g Mehl, 250 g Zucker, 200 g Butter, 1,2 kg Äpfel, 30 g Rosinen, 30 g Korinthen, etwas Zitronensaft, etwas Zimt, 1 Glas Rum, 1 Eigelb

So wird's gemacht: Aus Mehl, Butter und 100 Gramm Zucker einen Mürbeteig bereiten, etwas Zimt und einige Tropfen Zitronensaft dazugeben. Den Teig ausrollen, eine Tortenform bedecken und bei schwacher Hitze etwas anbacken. Einen kleinen Teigrest für die Garnierung zurückbehalten. Kleingeschnittene Äpfel und die übrigen Zutaten außer dem Eigelb pyramidenförmig auf dem Tortenboden verteilen, aus dem Teigrest feine Streifen schneiden und gitterförmig darüberlegen. Das Gitter mit verquirltem Eigelb bepinseln und die Torte bei schwacher Hitze goldgelb backen.

Gern werden in Berlin auch folgende Leckereien zum Kaffee genossen

Apfelkuchen

Apfelküchlein

Baumkuchen

Berliner Küchel

Berliner Lufttorte

Berliner Quarkstollen

Bienenstich

Butterbrezeln

Eberswalder Spritzkuchen

Königskuchen

Liebesknochen

Napfkuchen

Pflaumenkuchen

Potsdamer Zwieback

Sandkuchen

Streuselkuchen

Schusterjungen

Windbeutel mit Schlagsahne

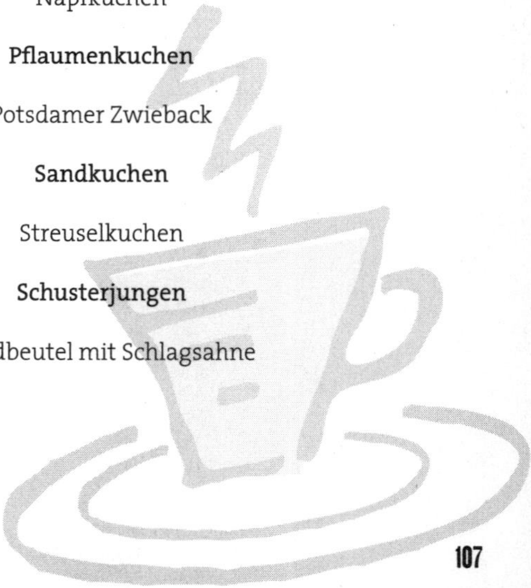

Festivals und Feste

Januar	**Lange Nacht der Museen**	www.lange-nacht-der-museen.de
Februar	**Transmediale – Kunstfestival**	www.transmediale.de
	Berlinale – Filmfestival	www.berlinale.de
März/April	**MaerzMusik – Festival für aktuelle Musik**	www.maerzmusik.de
Mai	**Theatertreffen**	www.berlinerfestspiele.de
Mai/Juni	**Karneval der Kulturen**	www.karneval-berlin.de
Juni	**Fête de la Musique**	www.lafetedelamusique.de
	Christopher Street Day	www.csd-berlin.de
	Berlin lacht! Internationales Straßentheater Festival	www.berlin-lacht.com
Juli/August	**Heimatklänge**	www.piranha.de
August	**Museumssommer**	www.museumssommer.de
	Internationales Tanzfest Berlin	www.tanzimaugust.de
September	**Musikfest Berlin**	www.berlinerfeststpiele.de
	Internationales Literaturfestival	www.literaturfestival.com
November	**Berliner Jazzfest**	www.berlinerfestspiele.de
	Balkan Black box – Festival für Film und Kultur aus Südosteuropa	www.balkanblackbox.de
	Berliner Märchentage	www.maerchenland-ev.de

Ein Hauch von venezianischem Karneval in Berlin

Beim Karneval der Kulturen in Kreuzberg präsentieren mehr als 80 Nationen ihre Traditionen und Rituale

Berliner Chronik

1655 In Berlin erscheint regelmäßig eine Zeitung

1704 „Berlinische Nachrichten von Staats- und gelehrten Sachen" erscheinen als Vorläufer der „Vossischen Zeitung"

1710 Gründung der Charité als Militärkrankenhaus

1742 Eröffnung des Opernhauses „Unter den Linden"

1790 Gründung der Tierärztlichen Hochschule

1799 Erste Dampfmaschine in Berlin

1800 Stadtpost mit Briefkästen in Berlin

1804 Alexander von Humboldt bringt Dahlie nach Berlin

1825 Der Wiener Zuckerbäcker J. G. Kranzler eröffnet eine Konditorei auf der Straße Unter den Linden

1826 Gasbeleuchtung auf der Straße Unter den Linden

1844 Eröffnung des Zoologischen Gartens

1851 Berlin bekommt eine Berufsfeuerwehr

1865 Erste Rohrpostanlage in Berlin

1865 Erste Pferdestraßenbahn Deutschlands nimmt in Berlin ihren Betrieb auf

1869 Fertigstellung der Pferderennbahn Hippodrom auf dem Lützower Feld im Tiergarten

1879 Elektrisches Bogenlicht in der Leipziger Straße

1881 Offizielle Inbetriebnahme der Stadtfernsprech-einrichung mit 48 Teilnehmern

1885 Gründung des ersten Berliner Fußballklubs, des „Berliner Fußballclub Frankfurt"

1892 Gründung der Berliner Bau- und Wohnungs-genossenschaft

1892 Der Textilkaufmann Rudolf Herzog fährt das erste Auto auf Berlins Straßen

1900 Erste Autodroschke in Berlin

1902 Einweihung der ersten U-Bahn-Strecke

1907 Eröffnung des Kaufhauses des Westens („KaDeWe")

1909 Erste Flugwoche in Berlin-Johannisthal

1909 Erstes Sechstagerennen

1911 Wegen der hohen Verkehrsdichte wird die Höchst-geschwindigkeit von Automobilen auf 25 Stunden-kilometer festgelegt

1923 Eröffnung des Flughafens Tempelhof

1924 Erste „Große Deutsche Funkausstellung"

1928 Eröffnung des ersten Eiscafés in Berlin (Eiscafé Monheim)

Berliner Bühnen

Oper und Musical

Deutsche Oper Berlin
Staatsoper Unter den Linden
Komische Oper Berlin
Musiktheater für Kinder „Nobel-Popel“
Neuköllner Oper
Theater des Westens

Musik

Konzerthaus Berlin
Philharmonie

Die grossen Theater

Deutsches Theater Berlin
Maxim Gorki Theater
Volksbühne
Berliner Ensemble
Renaissance-Theater
Schaubühne am Lehniner Platz
Hebbel-Theater

Die kleineren Bühnen

Berliner Kriminal-Theater
BKA-Luftschloss
English Theatre Berlin
Freie Theateranstalten Berlin
Glaskasten Ballsaal
Grips Theater
Kleines Theater
Kulturbrauerei
Lichtburgforum
Orphtheater im Schokoladen
Papiertheater Invisius
Prime Time Theater
Schlosspark-Theater
Schlossplatztheater Köpenick
Stadttheater Cöpenick
Studiobühne
Theater 89
Theater am Kurfürstendamm
Theater am Park
Theater an der Parkaue
Theaterdiscounter
Theaterdock
Theater im Palais
Theater Karlshorst
Theater Lichterfelde
Theater Narrenspiegel
theater strahl
Theater Thomas Rohloff
Theater Zerbrochene Fenster
Theater Zum Westlichen Stadthirschen
Tik – Theater im Kino
Vagantenbühne
Volkspalast
Das Weite Theater

Figuren – und Puppentheater

Figurentheater Grashüpfer im Treptower Park
Puppenbühne Jägerkeller
Puppentheater am Ostkreuz
Puppentheater Berlin
Puppentheater auf der Zitadelle
Puppentheater Felicio
Puppentheater Firlefanz
Puppentheater Holunder
Siropax Wandernd Figurentheater
Theater Mirakulum

Kabarett und Comedy

Berliner Kabarett Klimperkasten
Distel
Kookaburra Comedy Club
Mehringhoftheater
Quatsch Comedy Club
Stachelschweine
Wühlmäuse

Varieté

Bar-jeder-Vernunft
Friedrichstadtpalast
Wintergarten-Variete

Kleingärten in Berlin

Keine Großstadt besitzt eine derart große Anzahl von privat nutzbaren Gärten im unmittelbaren Einzugsbereich der Innenstadt wie Berlin.

Kleingartenanlagen	950
Kleingärten	76 165
Anteil an der Stadtfläche	3 137 ha
in Prozent	3,5 %
Größe der Grundstücke	120–600 m²
Anschaffungskosten	2 000–5 000 Euro
Durchschnittlicher Preis für eine Laube von 24 m²	4 000 Euro

Die Namen der Anlagen erzählen häufig viel von den Träumen ihrer Pächter:

Aufbau	Bürgersruh
Einheit	**Familienglück**
Feierabend	Fraternitas
Freie Stunde	**Freudental**
Frieden	Friedenstal
Friedland	**Frischer Wind**
Fröhliche Eintracht	Gemütlichkeit
Hand in Hand	**Harmonie**
Heimaterde	Heiterkeit
Hochspannung	**Hoffnung**
In Treue fest	Treue Seele
Unter Uns	**Zukunft**

„Berlin ist arm, aber sexy"

Im November 2003 formulierte Berlins Regierender Bürgermeister Klaus Wowereit (SPD) den Satz, Berlin sei „arm, aber sexy", der sich schnell zum Slogan entwickelte. Werfen wir doch einmal einen Blick auf die Entwicklung des Berliner Schuldenbergs:

Jahr	Schulden	Unterschied zum Vorjahr
2007	60 120 Mrd. Euro	–0,5 Mrd. Euro
2006	60 269 Mrd. Euro	+1,7 Mrd. Euro
2005	58 580 Mrd. Euro	+4,1 Mrd. Euro
2004	55 300 Mrd. Euro	+3,5 Mrd. Euro
2003	51 750 Mrd. Euro	+4,3 Mrd. Euro
2002	47 500 Mrd. Euro	+5,1 Mrd. Euro
2001	42 384 Mrd. Euro	+5,2 Mrd. Euro
2000	37 200 Mrd. Euro	+2,4 Mrd. Euro
1999	34 813 Mrd. Euro	+1,6 Mrd. Euro
1998	33 200 Mrd. Euro	+1,9 Mrd. Euro
1997	31 340 Mrd. Euro	+2,1 Mrd. Euro
1996	29 200 Mrd. Euro	+5,3 Mrd. Euro
1995	23 868 Mrd. Euro	+5,4 Mrd. Euro
1994	18 500 Mrd. Euro	+2,4 Mrd. Euro
1993	16 050 Mrd. Euro	+3,0 Mrd. Euro
1992	13 100 Mrd. Euro	+2,3 Mrd. Euro
1991	10 815 Mrd. Euro	

Quelle: Senatsverwaltung für Finanzen

Einst: Berliner Original – heute: typisch Berliner

Einst

Eckensteher Nante

Der eiserne Gustav

Hafenjule

Onkel Pelle

Strohut-Emil

Hauptmann von Köpenick

Pinsel-Heinrich

Vater Linde

Heute

Der Weddinger Frührentner, der die Mauer zurück will

Der „Spandau-ist-nicht-Berlin"-Spandauer

Der schwäbelnde Künstler aus Kreuzberg

Die Karriere-Mutter aus dem Prenzlauer Berg

Cindy aus Marzahn

Der glatzköpfige Neonazi aus Hellersdorf

Die kellnernde Studentin aus der Szenekneipe

Der kettentragende Möchtegern-Hiphopper mit dem Rühr-mich-nicht-an-Blick

Grüne Inseln in der Grossstadt

Wer Erholung von der Hektik der Großstadt sucht, der kann in Berlin folgende Parks aufsuchen:

Gärten der Welt im Erholungspark Marzahn:

Chinesischer Garten
Japanischer Garten
Balinesischer Garten
Orientalischer Garten
Koreanischer Garten
Italienischer Renaissancegarten

Botanischer Garten (Dahlem)

Britzer Garten (Neukölln)

Englischer Garten an der Altonaer Straße (Mitte)

Freizeitpark Tegel

Görlitzer Park (Kreuzberg)

Koellnischer Park mit Bärenzwinger (Mitte)

Lustgarten auf der Museumsinsel (Mitte)

Pfaueninsel im Bereich der Havel

Schlosspark Charlottenburg

Schlosspark Niederschönhausen

Tiergarten (Mitte)

Treptower Park

Viktoriapark (Kreuzberg)

Volkspark Friedrichshain

Volkspark Hasenheide (Neukölln)

Volkspark Humboldthain (Mitte)

Volkspark Wilmersdorf

Volkspark Wuhlheide (Treptow-Köpenick)

Üppige Sinnlichkeit im Lustgarten

Im Jahr 2007 stellte der kolumbianische Künstler Fernando Botero im Lustgarten und vor dem Brandenburger Tor fünfzehn monumentale Bronzefiguren auf

Ausländer in Berlin

Am 30. Juni 2007 waren 466 300 Bürger aus insgesamt 184 Staaten mit Hauptwohnsitz in Berlin gemeldet. Der Ausländeranteil an der Berliner Bevölkerung betrug damit 13,9 Prozent. Die meisten Ausländer wohnen in den Stadtteilen Tiergarten Süd (35,1 Prozent), Wedding (31,8), Gesundbrunnen (35,9), Kreuzberg (31,2) und Neukölln (35,1).

Herkunftsländer		absolut	in %
Europa		339 914	72,9
EU		139 465	29,9
darunter	Bulgarien	5 957	1,3
	Dänemark	2 226	0,5
	Frankreich	12 193	2,6
	Griechenland	9 943	2,1
	Großbritannien und Nordirland	9 659	2,1
	Italien	14 274	3,1
	Niederlande	3 728	0,8
	Österreich	8 621	1,8
	Polen	44 053	9,4
	Portugal	2 773	0,6
	Rumänien	2 932	0,6
	Schweden	2 679	0,6
	Spanien	6 280	1,3
	Tschechien und Slowakei	2 261	0,5
	Ungarn	2 405	0,5

Übriges Europa		200 449	43,0
darunter	Bosnien und Herzegowina	10 526	2,3
	Kroatien	11 131	2,4
	Mazedonien	4 560	1,0
	Russland	14 232	3,1
	Schweiz	4 314	0,9
	Serbien	23 689	5,1
	Türkei	114 735	24,6
	Ukraine	8 642	1,9
	ehem. Sowjetunion	4 563	1,0
Afrika		17 958	3,9
Amerika		25 049	5,4
darunter	Brasilien	2 309	0,5
	USA	13 443	2,9
Asien		67 456	14,5
darunter	China	5 759	1,2
	Indien	2 310	0,5
	Irak	2 200	0,5
	Iran	4 523	1,0
	Israel	2 612	0,6
	Japan	2 648	0,6
	Republik Korea	2 811	0,6
	Libanon	7 693	1,6
	Syrien	2 236	0,5
	Thailand	5 867	1,3
	Vietnam	11 878	2,5
Australien/Ozeanien		1 638	0,4
Staatenlos, ungeklärt		14 285	3,1

Quelle: Amt für Statistik Berlin-Brandenburg

Grösser, *schneller*, höher, weiter

Im Turm neben dem Haus der Kulturen der Welt befindet sich das größte **Glockenspiel** Europas.

Am Ende des Treptower Parks liegt die 1896 gebaute Archenhold-Sternwarte. Hier findet man das längste **Linsenfernrohr** der Welt. Es ist 21 Meter lang.

Der **Fernsehturm** am Alexanderplatz ist mit 368 Metern das höchste Bauwerk Deutschlands.

Über 18 000 Zuschauer waren live dabei, als Thomas Gottschalk am 3. Juli 2004 von der „Waldbühne" seine Gäste zur vierten Open-Air-Ausgabe von **„Wetten, dass …?"** begrüßte. Bei keiner anderen Ausgabe von Europas größter Show gab es mehr Zuschauer vor Ort als bei diesem Sommer-Special.

Tasmania Berlin verbuchte am 26. März 1966 mit 0:9 gegen den Meidericher SV die höchste Heimniederlage der Bundesligageschichte.

Der neue **Berliner Hauptbahnhof** auf dem Gelände des einstigen Lehrter Bahnhofs ist Europas größter Umsteigebahnhof.

Die **Berliner Staatsbibliothek** ist die größte deutsche öffentliche Universalbücherei.

Im Botanischen Garten in Berlin-Dahlem steht das von 1905 bis 1907 erbaute „**Große Tropenhaus**“. Mit einer Länge von 60 Metern, einer Breite von 29 Metern und einer Höhe von 25 Metern gilt es als eines der größten freitragenden Gewächshäuser der Welt.

Das 1907 eröffnete **Strandbad Wannsee** ist das größte Binnenseebad Europas.

Der **Potsdamer Platz** war während der 1990er-Jahre die größte Baustelle Europas.

Das Europapokalspiel des Uleb-Cups zwischen Basketballbundesligist **ALBA Berlin** und Bosna Sarajevo musste am 4. Dezember 2007 fünfmal verlängert werden, um einen Sieger zu ermitteln. Am Ende gewann ALBA Berlin 144:127. Nie zuvor hat ein Europapokalspiel so lange gedauert und nie zuvor wurden in einem solchen Spiel so viele Körbe geworfen.

In Marzahn befindet sich der größte **Chinesische Garten** Europas; er nimmt eine Fläche von 2,7 Hektar ein.

Das 1907 in der Tauentzienstraße am Wittenbergplatz eröffnete **Kaufhaus des Westens** („KaDeWe“) ist das größte Warenhaus Europas.

Pack die Badehose ein

Im Sommer bieten die Berliner Seen viele Möglichkeiten, ins Wasser zu springen.

Zum Nulltarif

	Sichttiefe
Bammelecke (Treptow-Köpenick)	50 cm
Dämeritzsee (Treptow-Köpenick)	140 cm
Flughafensee (Reinickendorf)	400cm
Groß Glienicker See (Spandau)	250 cm
Große Krampe (Treptow-Köpenick)	50 cm
Kleiner Müggelsee (Treptow-Köpenick)	200 cm
Krumme Lanke (Steglitz-Zehlendorf)	280 cm
Oberhavel	
Bürgerablage (Spandau)	70 cm
Rohrweihstraße (Reinickendorf)	80 cm
Sandhauser Straße (Reinickendorf)	80 cm
Schlachtensee (Steglitz-Zehlendorf)	320 cm
Schmöckwitz (Treptow-Köpenick)	40 cm
Seddinsee (Treptow-Köpenick)	60 cm
Tegeler See	
gegenüber Reiswerder (Reinickendorf)	110 cm
gegenüber Scharfenberg (Reinickendorf)	150 cm
Reiherwerder (Reinickendorf)	170 cm
Saatwinkel (Reinickendorf)	100 cm
Teufelssee (Charlottenburg-Wilmersdorf)	40 cm
Unterhavel	
Alter Hof (Steglitz-Zehlendorf)	80 cm
Breitehorn (Spandau)	70 cm
Große Badewiese (Spandau)	70cm
Großes Fenster/Große Steinlake (Steglitz-Zehlendorf)	80 cm
Grunewaldturm (Charlottenburg-Wilmersdorf)	90 cm
Lieper Bucht (Steglitz-Zehlendorf)	70 cm
Radfahrerwiese (Charlottenburg-Wilmersdorf)	80 cm
Zeuthener See (Treptow-Köpenick)	40 cm

Hier bezahlt man Eintritt

Friedrichshagen, Seebad (Treptow-Köpenick)	60 cm
Gartenstraße, Flussbad (Treptow-Köpenick)	60 cm
Grünau, Freibad (Treptow-Köpenick)	50 cm
Heiligensee, Freibad (Reinickendorf)	50 cm
Jungfernheide, Freibad (Charlottenburg-Wilmersdorf)	50 cm
Lübars, Freibad (Reinickendorf)	90 cm
Müggelsee, Strandbad (Treptow-Köpenick)	70 cm
Orankesee, Strandbad (Lichtenberg)	60 cm
Plötzensee, Freibad (Mitte)	60 cm
Tegeler See, Freibad (Reinickendorf)	170 cm
Wannsee, Strandbad (Steglitz-Zehlendorf)	70 cm
Weißensee, Seebadeanstalt (Pankow)	> 200 cm
Wendenschloss, Freibad (Treptow-Köpenick)	50 cm

Wer gekachelte Becken im Freibad vorzieht:

Charlottenburg: Sommerbad Olympiastadion, Olympischer Platz
Grunewald: Freibad Hallensee, Königsallee 5A–B
Hohenschönhausen: Freibad Orankesee, Gertrudstraße 7
Kreuzberg: Sommerbad Kreuzberg, Prinzenstraße 113–119
Lichterfelde: Sommerbad Lichterfelde, Hindenburgdamm 9–10
Mariendorf: Sommerbad Mariendorf, Rixdorfer Straße 130
Marzahn: Kinderbad Platsch, Max-Herrmann-Straße 7
Mitte: Kinderbad Monbijou, Oranienburger Straße 78
Neukölln: Sommerbad Neukölln, Columbiadamm 160
Oberschönweide: Sommerbad Wuhlheide, Treskowallee 211
Pankow: Sommerbad Pankow, Wolfshagener Straße 91–93
Schmargendorf: Sommerbad Wilmersdorf, Forckenbeckstraße 14
Staaken: Sommerbad West-Staaken, Am Industriegelände 11
Steglitz: Sommerbad Lichterfelde „Spucki“, Hindenburgdamm 9–10
Steglitz: Sommerbad am Insulaner, Munsterdamm 80
Wedding: Sommerbad Humboldthain, Wiesenstraße 1

Die 25 grössten Berliner Unternehmen

(nach der Zahl der Beschäftigten)

Unternehmen	Beschäftigte in Berlin	Hauptsitz in Berlin	insgesamt
Deutsche Bahn AG	18 900	ja	229 200
Charité-Universitätsmedizin Berlin	14 400	ja	14 400
Vivantes-Netzwerk für Gesundheit GmbH	13 500	ja	13 500
Siemens AG	12 200	ja, mit München	475 000
Berliner Verkehrsbetriebe	11 300	ja	11 300
Deutsche Telekom AG	9 000		247 000
Konzern Deutsche Post World Net	9 000		500 000
METRO Group	6 650		295 300
Daimler-Chrysler AG	6 500		167 000
Landesbank Berlin Holding AG	6 350	ja	6 350
Gegenbauer Gruppe	6 020	ja	11 500
Vattenfall Europe	5 650	ja	19 900
Berliner Stadtreinigungsbetriebe BSR	5 600	ja	5 600
Berlinwasser Holding AG	5 500	ja	5 500

Dussmann-Gruppe	5 500	ja	49 200
Deutsche Lufthansa AG	4 910	ja	93 500
EDEKA Gruppe	4 700		253 000
Bayer Schering Pharma AG	4 340	ja	6 330
Karstadt Warenhaus GmbH	4 300		32 500
Kaiser's Tengelmann AG	4 280		k. A.
Helios Kliniken GmbH	3 900	ja	27 000
Piepenbrock Gruppe	3 800		24 200
Deutsche Bank	3 600		24 200
Allianz	3 010		k. A.
Berliner Volksbank eG	2 930	ja	2 930

Quelle: IHK Berlin 2007

Sightseeing mit dem Bus

Die Buslinie 100 war die erste Busstrecke, die nach dem Fall der Mauer Ost- und Westberlin miteinander verband. Heute wird die Fahrt mit dem Doppeldeckerbus von vielen Touristen als kostengünstige Sightseeing-Tour genutzt. Doch Obacht: Selbstverständlich werden die Sehenswürdigkeiten nicht kommentiert – man sollte also einen Reiseführer in Händen halten.

Streckenverlauf	Sehenswürdigkeiten
Hardenbergplatz	Bahnhof Zoo
Breitscheidplatz mit	KaDeWe
Gedächtniskirche	Ku'damm
	Europa-Center
Zoologischer Garten	Elefantentor
	Aquarium
Klingelhöferstraße	Bauhaus-Archiv
Großer Stern	Siegessäule
Schloss Bellevue	Sitz des Bundespräsidenten
John-Foster-Dulles-Allee	Regierungsviertel
	Haus der Kulturen
Reichstag/Bundestag	Reichstagsgebäude
Unter den Linden	Brandenburger Tor
	Holocaust-Mahnmal
Staatsoper	Staatsoper
Zeughaus	Deutsches Historisches Museum
	Hedwigskathedrale
	Schinkelmuseum
Schlossbrücke	Museumsinsel
	Berliner Dom
	Rotes Rathaus
Alexanderplatz	Fernsehturm
	Hackescher Markt

Kriegsmahnmal und Kunstwerk

Geschichte und Gegenwart greifen ineinander beim Blick auf die Gedächtniskirche auf dem Breitscheidplatz am Kurfürstendamm

Berliner Eisen

Das Berliner Eisen, das auch Schwanenhals genannt wird, ist eine metallene Falle, die zum Fangen von Raubtieren dient. Bei dieser Falle sind zwei halbkreisförmige Bügel über eine Feder miteinander verbunden. Die Feder wird gespannt, wenn die Falle aufgestellt wird. Dann liegen die Bügel aufgeklappt am Boden und werden durch die sogenannte Stellung gehalten. Die Feder wird ausgelöst, wenn ein Tier den an einem Faden befestigten Köder nimmt und damit Zug auf die Feder auslöst. Beim Auslösen schlagen die Bügel zusammen.

Angelbeute in Berliner Gewässern

Aal

Barsch

Blei, Güster

Hecht

Karausche

Karpfen

Plötze/Rotfeder

Rapfen

Schlei

Wels

Zander

Die Zeitungshauptstadt

Nachdem die Zentralredaktion von „Bild“ und „Bild am Sonntag“ im März 2008 von Hamburg nach Berlin umgezogen sind, nennt der Bundesverband Deutscher Zeitungen Berlin die „Zeitungshauptstadt“. Die Berliner Tageszeitungen haben heute eine Gesamtauflage von rund 4,5 Millionen Exemplaren. Außerdem erscheinen sechs Sonntagszeitungen mit etwa 2,7 Millionen Exemplaren.

Tageszeitungen

Berliner Kurier
Berliner Morgenpost
Berliner Tageszeitung – Berliner Tageblatt
Berliner Zeitung
Bild
B.Z.
Die Welt
junge Welt
Neues Deutschland
Potsdamer Neueste Nachrichten
Tagesspiegel
taz

Wöchentlich bis monatlich erscheinen

Berliner Abendblatt
Berliner Stimme
Berliner Woche
Bild am Sonntag
Eulenspiegel
Freitag
jungle world
[030]
Prinz
Siegessäule
Tip
Zitty

Berliner Fussballvereine in der Oberliga der DDR

Saison	Verein	Platzierung
1950/51	SG Union Oberschönweide	15.
	SG Lichtenberg	17.
	VfB Pankow	18.
1951/52	Motor Oberschönweide (vorm. Union)	11.
	Einheit Pankow	19.
1952/53	Rotation Babelsberg	12.
	Motor Oberschönweide	15.
1954/55	SC Dynamo Berlin (vorm. Dynamo Dresden)	7.
	ASK Vorwärts Berlin	8.
1955	SC Dynamo Berlin	3.
	ASK Vorwärts Berlin	10.
1956	ASK Vorwärts Berlin	6.
	SC Dynamo Berlin	13.
1957	ASK Vorwärts Berlin	2.
1958	ASK Vorwärts Berlin	1.
	SC Dynamo Berlin	6.
1959	ASK Vorwärts Berlin	2.
	SC Dynamo Berlin	3.
1960	ASK Vorwärts Berlin	1.
	SC Dynamo Berlin	2.
1961/62	ASK Vorwärts Berlin	1.
	SC Dynamo Berlin	3.
1962/63	ASK Vorwärts Berlin	3.
	SC Dynamo Berlin	10.

Saison	Verein	Platzierung
1963/64	ASK Vorwärts Berlin	5.
	SC Dynamo Berlin	8.
1964/65	ASK Vorwärts Berlin	1.
	SC Dynamo Berlin	12.
1965/66	FC Vorwärts Berlin (vorm. ASK)	1.
	Berliner FC Dynamo (SC Dynamo)	9.
1966/67	1. FC Union Berlin	6.
	FC Vorwärts Berlin	8.
	Berliner FC Dynamo	13.
1967/68	FC Vorwärts Berlin	4.
	1. FC Union Berlin	8.
1968/69	FC Vorwärts Berlin	1.
	Berliner FC Dynamo	10.
	1. FC Union Berlin	13.
1969/70	FC Vorwärts Berlin	1.
	Berliner FC Dynamo	10.
1970/71	1. FC Union Berlin	5.
	FC Vorwärts Berlin	7.
	Berliner FC Dynamo	9.
1971/72	Berliner FC Dynamo	2.
	1. FC Union Berlin	11.
1972/73	Berliner FC Dynamo	6.
	1. FC Union Berlin	13.
1973/74	Berliner FC Dynamo	6.
1974/75	Berliner FC Dynamo	4.
1975/76	Berliner FC Dynamo	2.

Saison	Verein	Platzierung
1976/77	Berliner FC Dynamo	4.
	1. FC Union Berlin	11.
1977/78	Berliner FC Dynamo	3.
	1. FC Union Berlin	8.
1978/79	Berliner FC Dynamo	1.
	1. FC Union Berlin	10.
1979/80	Berliner FC Dynamo	1.
	1. FC Union Berlin	13.
1980/81	Berliner FC Dynamo	1.
1981/82	Berliner FC Dynamo	1.
1982/83	Berliner FC Dynamo	1.
	1. FC Union Berlin	12.
1983/84	Berliner FC Dynamo	1.
	1. FC Union Berlin	13.
1984/85	Berliner FC Dynamo	1.
1985/86	Berliner FC Dynamo	1.
	1. FC Union Berlin	7.
1986/87	Berliner FC Dynamo	1.
	1. FC Union Berlin	11.
1987/88	Berliner FC Dynamo	1.
	1. FC Union Berlin	11.
1988/89	Berliner FC Dynamo	2.
	1. FC Union Berlin	14.
1989/90	FC Berlin (vorm. BFC Dynamo)	4.
1990/91	FC Berlin	11.

Berlin hört Radio

MHz	Station	Besonderheiten
87,9	Star FM	
88,8	RBB Radio Berlin 88,8	
89,6	Deutschlandradio Kultur	
90,2	BBC World	englisch
91,4	Berliner Rundfunk 91,4	
91,8	Power Radio	nördlich von Berlin nur in Nord-/Ost-Berlin empfangbar, auch über 95,3 MHz
92,4	RBB Kulturradio	
93,1	RBB Inforadio	
93,6	Jam FM	
94,3	RS 2	
94,8	Metropol FM	türkisch
95,8	RBB Radio eins	
96,3	RBB Radio Multilulti	
97,2	Offener Kanal	auch genutzt u. a. von WRN, BluRadio, R. Rossiji
97,7	Deutschlandfunk	
98,2	98,2 Radio Paradiso	
98,8	Kiss FM Az	
99,7	RBB Antenne Brandenburg	Regionalprogramm Potsdam
100,6	Motor FM	ehemals Hundert,6
101,3	Klassik Radio	
101,9	Jazz Radio 101,9	
102,6	RBB Fritz	
103,4	Energy 103,4	
104,1	NPR Worldwide	englisch
104,6	104,6 RTL Berlin	
104,9	104,9 Oldie Star	nördlich von Berlin nur in Nord-/Ost-Berlin empfangbar, auch über 96,7 MHz
105,5	105'5 Spreeradio	
106,0	RFI Paris	französisch mit deutschem Fenster
106,8	Radio Teddy	
107,5	BB Radio	

Souvenirs, Souvenirs ...

Bleistift mit Aufdruck „Berlin Germany“	1,30 Euro
Aufkleber „Bärlin“, oval, klein	2,20 Euro
Metall-Stocknagel, Berliner Bär	3,20 Euro
Brauner Bär in einer Box	3,90 Euro
Flasche gefüllt mit Berliner Luft	5,60 Euro
Schneekugel Berliner Bär mit Herz – I love Berlin	6,70 Euro
Mini-Schneekugel Berliner Reichstag	7,30 Euro
Schlüsselkette – Mauerstein im Acrylbogen (mit Zertifikat in Tüte)	8,40 Euro
Schneekugel Brandenburger Tor	10,60 Euro
Reichstag aus Keramik mit vier Fähnchen, ca. 50 mm hoch	10,60 Euro
Plüschbär, 15 cm, mit pinkem Kapuzen-Shirt mit aufgestickter Krone	10,90 Euro
Schlüsselanhänger mit den Wahrzeichen Berlins	11,20 Euro
Mokkalöffel in Box, poliert, Berliner Bär, Emaillewappen Brandenburger Tor, rund	11,80 Euro
Aufblasbarer Berliner Fernsehturm, 80 cm	12,90 Euro

Weiß-rosa Babylätzchen mit Aufschrift „Berliner Baby“	14,10 Euro
Rotes T-Shirt mit Aufdruck „Jemand, der mich sehr liebt, hat mir dieses T-Shirt aus Berlin mitgebracht“	15,20 Euro
Spieluhr – Berliner Luftdose mit Musik	15,70 Euro
Metallschild – Sie verlassen den amerikanischen Sektor, in vier Sprachen	17,90 Euro
Schwarzer Stringslip mit Strass-Herz und Schriftzug „Berlin“ in Größe L	19,90 Euro
Porzellanglocke, Holzgriff, mit Bild der Gedächtniskirche	20,20 Euro
Bär mit Schlafmütze	29,90 Euro
Porzellan-Uhrenteller, Berlinpanorama	38,60 Euro
Schwarzes Girly Polo-Shirt mit aufgestickter Berlin-Fahne	38,90 Euro
Buddy Bär, 22 cm, 1,1 kg	55,80 Euro
Kristall-Brandenburger Tor, auf Sockel	78,40 Euro
Original King Tonbierkrug (ca. 215 mm hoch), Handarbeit, mit Miniatur des Brandenburger Tors, auf 10 000 limitiert	130,00 Euro
Reiterdenkmal Friedrichs des Großen, Kupfer, 35 cm	799,00 Euro

Berlins schönste Laufstrecken

Abseits von Strassen

	Länge	Besonderheiten
Schlosspark Charlottenburg	3,9 km	zwischen Architektur und Kinderspiel
Hasenheide	2,5 km	plus Lauf auf Rixdorfer Höhe möglich
Volkspark Schöneberg/Wilmersdorf	3,7 km	kann verkürzt werden
Treptower Park Strecke 1	4,5 km	führt zum Teil an der Spree vorbei
Treptower Park Strecke 2	5,0 km	mit Strecke 1 kombinierbar
Volkspark Friedrichshain	3,5 km	Steigung auf Teufelsberg möglich
Tiergarten	3–8 km	stark variierende Kurslängen möglich
Lietzenseepark	2,2 km	führt am Ufer des Lietzensees vorbei
Volkspark Humboldthain	2,2 km	beliebig erweiterbar
Volkspark Rehberge	3,3 km	leichte Steigungen

Parkwege und Stadtstrassen kombiniert

	Länge	Besonderheiten
Sightseeing durch die City – Ost	8,8 km	vorbei an Dom und Nikolaiviertel
Sightseeing durch die City – West	12,4 km	durch Charlottenburg und Kreuzberg
Am Ufer des Landwehrkanals	8,7 km	Kreuzberg kennenlernen
Vom Görlitzer zum Treptower Park	6,9 km	im Treptower Park erweiterbar
Viktoriapark	1,2 km	kurz, aber mit großem Höhenunterschied

Wer bekommt hier nicht Lust aufs Laufen?

Im Schlossgarten Charlottenburg schlägt das Herz jedes Joggers höher

Orte der Stille

In den Sakralbauten der verschiedenen Religionsgemeinschaften findet der Besucher schnell Abstand vom Trubel Berlins.

Christlich

Adventistenkirche, Wilmersdorf
Friedenskirche, Niederschönhausen
Berliner Dom, Mitte
Deutscher Dom, Mitte
Franziskanerkirche, Mitte
Französischer Dom, Mitte
Gethsemanekirche, Prenzlauer Berg
Heilig-Geist-Kapelle, Mitte
Kaiser-Wilhelm-Gedächtniskirche, Charlottenburg
Kirche am Hohenzollernplatz, Wilmersdorf
Kirche am Südstern, Kreuzberg
Kirche St. Peter und Paul, Wannsee
Kreuzkirche, Schmargendorf
Luisenkirche, Charlottenburg
Marienkirche, Mitte
Nikolaikirche, Mitte
Parochialkirche, Mitte
Sophienkirche, Mitte
St.-Hedwigs-Kathedrale, Mitte
St.-Matthäus-Kirche, Tiergarten
Zionskirche, Mitte

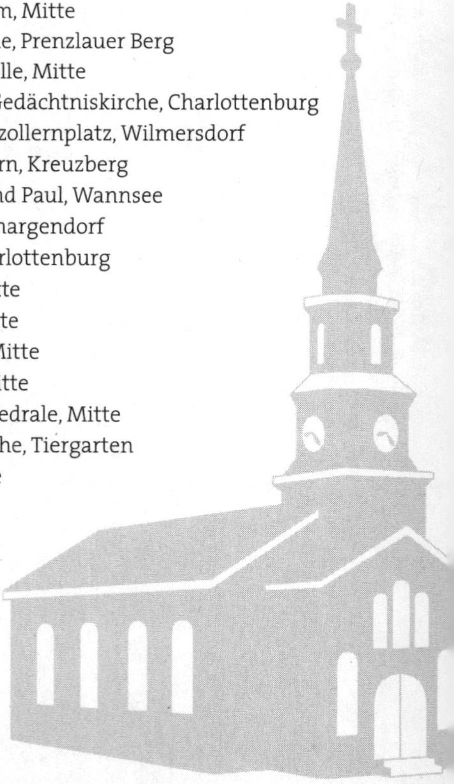

Russisch-Orthodox

Christi-Auferstehungs-Kathedrale, Wilmersdorf

Jüdisch

Neue Synagoge, Mitte
Orthodoxe Synagoge am Fränkelufer, Kreuzberg
Synagoge Rykestraße, Prenzlauer Berg
Synagoge der Lauder-Jeschiwa, Mitte

Muslimisch

Chadidscha-Moschee, Heinersdorf
Mevlana-Moschee, Kreuzberg
Wilmersdorfer Moschee, Brienner Straße
Omar-Ibn-Al-Khattab-Moschee, Kreuzberg

Buddhistisch

Das Buddhistische Haus – buddhistisches Vihâra, Frohnau
Wat Buddhavihara, Wittenau
Wat Buddharama, Marzahn
Fo-guang-shan Tempel, Wedding

Stille Orte

„Café Achteck“ heißen im Volksmund scherzhaft die öffentlichen Pissoirs, die ab 1878 von der Berliner Stadtverwaltung aufgestellt wurden. Die grün lackierten, gusseisernen Wände wurden im achteckigen Grundriss aneinandergestellt und bieten sieben Plätze für ein dringendes Bedürfnis. Im Jahr 1920 gab es in Berlin 142 dieser öffentlichen Toiletten. Noch heute sind einige dieser Bedürfnisanstalten vorhanden. Zum Teil wurden sie rekonstruiert.

Standorte sind unter anderem

Rüdesheimer Platz, Wilmersdorf
(Historisches WC „Café Achteck“)

Boxhagener Platz, Friedrichshain

Chamissoplatz, Kreuzberg

Gendarmenmarkt, Mitte

Karl-Marx-Straße Ecke Kirchhofstraße, Neukölln

Leuthener Platz/Naumannstraße, Schöneberg

Rüdesheimer Platz, Wilmersdorf

Senefelderplatz, Prenzlauer Berg

Stephanplatz, Moabit

Unionplatz, Moabit

U-Bahnhof Alt-Mariendorf, Tempelhof

U-Bahnhof Alt-Tegel, Tegel

Fellbacher Platz, Hermsdorf

Pekinger Platz, Wedding

Öffentlicher Nahverkehr

Fahrgastfahrten	
Fahrgastfahrten in Mio.	914,0
U-Bahn	
Linienanzahl Tag – Nacht	9 – 8
Linienlänge (km) Tag – Nacht	144,9 – 142,0
Bahnhöfe Tag – Nacht	170 – 167
Straßenbahn	
Linienanzahl Tag – Nacht	22 – 9
Linienlänge (km) Tag – Nacht	298,43 – 110,46
Haltestellenbereiche Tag – Nacht	377 – 208
Omnibus	
Linienanzahl Tag – Nacht	147 – 46
Linienlänge (km) Tag – Nacht	1 656 – 574
Haltestellenbereiche Tag – Nacht	2 627 – 1 494
Fähren	
Linienanzahl gesamt	6
davon Saisonfähren (März–Oktober)	3
Fahrzeugbestand U-Bahn	
Fahrzeuge gesamt	1 274
davon Großprofil	772
davon Kleinprofil	502
Fahrzeuge Straßenbahn	
Fahrzeuge gesamt	574
davon Tatra-Triebwagen	366
davon Tatra-Beiwagen	57
davon Niederflurfahrzeuge Einrichtungswagen	105
davon Niederflurfahrzeuge Zweirichtungswagen	45
davon Sonderfahrzeuge	1

Fahrzeuge Omnibus

Fahrzeuge gesamt	1 310
davon Doppeldecker	388
davon Eindecker	517
davon Gelenkbusse	311
davon Sonderverkehr und Buspool	94

Verkehrsanlagen

Fahrtreppen/Fahrsteige U-Bahn	363
Personenaufzüge der U-Bahn (gesamt)	95
U-Bahnhöfe mit Personenaufzügen	58
U-Bahnhöfe mit Rampen	10
Notruf- und Informationssäulen auf U-Bahnhöfen	521
Verkaufsautomaten und Fahrscheindrucker	2 661
Fahrscheinentwerter	5 245

Betriebsanlagen

Betriebswerkstätten gesamt	15
davon U-Bahn	3
davon Straßenbahn-Schwerpunktwerkstätten	2
davon Straßenbahn-Servicebereiche	4
davon Omnibus	6
Betriebshöfe	11
davon Straßenbahn	6
davon Omnibus	6

Personal

Gesamt	11 310
Mitarbeiterinnen und Mitarbeiter	10 928
Auszubildende	382

Quelle: Berliner Verkehrsgesellschaft

Stand: 31.12.2006

Auf nach Ostberlin!

Die Oberbaumbrücke verbindet die Ortsteile Kreuzberg und Friedrichshain über die Spree. Nach einer umfangreichen Sanierung verkehrt seit Oktober 1995 wieder die U-Bahnlinie 1 über die denkmalgeschützte Brücke.

Übernachten für Anspruchsvolle

Berlin ist im Vergleich zu anderen europäischen Metropolen keine teure Stadt. Das gilt auch für das Übernachten. Es gibt viele günstige Hotels und Hostels. Selbstverständlich werden allerdings auch diejenigen fündig, die den Luxus und das Besondere lieben. In den folgenden Hotels beginnen die Einzelzimmerpreise bei 150 Euro für die Nacht und können bei 400 Euro enden. Die Preise für ein Doppelzimmer liegen zwischen 180 und 600 Euro. Wer es ganz exklusiv mag, bucht eine Suite und bezahlt dafür bis zu 8 000 Euro die Nacht.

Adlon Kempinski, Unter den Linden 77, Mitte

Berlin Mariott, Inge-Beisheim-Platz 1, Tiergarten

Brandenburger Hof, Eislebener Straße 14, Charlottenburg

Concorde Berlin, Augsburger Straße 41, Charlottenburg

Grand Hotel Esplanade Berlin, Lützowufer 15, Tiergarten

Grand Hyatt Berlin, Marlene-Dietrich-Platz 2, Tiergarten

Hotel de Rome, Behrenstraße 37, Mitte

Palace, Budapester Straße 45, Charlottenburg

Regent, Charlottenstraße 49, Mitte

Radisson SAS, Karl-Liebknecht-Straße 3, Mitte

Ritz-Carlton, Potsdamer Platz 3, Tiergarten

Savoy, Fasanenstraße 9–10, Charlottenburg

Schlosshotel im Grunewald, Brahmsstraße 10, Grunewald

Swissôtel Berlin, Augsburger Straße 44, Charlottenburg

The Mandal Hotel, Potsdamer Straße 3, Tiergarten

Westin Grand Berlin, Friedrichstraße 158–164, Mitte

Frisierte Werbung

Wer sich bei Frisuren als kreativ erweist, versucht sich bei der Namengebung seines Geschäfts auch im Wortspiel. Hier einige Beispiele:

Haarscharf
Haareszeiten
Hair Beetle
Hairoxyd
Hair Affair
Jonny Cut
Kamm & Schere
Schnittpunkt
Vokuhila
Delicut
Haar-Schneiderei
Haare ab!
Haargenau
Haarkapper
HAIRlich
hauptsache – Der Salon
Hin und Hair
Locke & Glatze
Umlauf
Unverschämt
Über kurz oder lang
Farbecht
Kopfkultur
Haircondition
Haarlekin
Mann o Mann
Salon Querschnitt
Schnittstelle
Schnittpunkt

Partnerstädte Berlins

Nach dem Zweiten Weltkrieg avancierte die Städtepartnerschaft zu einem Mittel der Annäherung und Verständigung zwischen den Völkern.

Stadt	Partner seit
Los Angeles, USA	27. Juni 1967
Paris, Frankreich	2. Juli 1987
Madrid, Spanien	4. November 1988
Istanbul, Türkei	17. November 1989
Moskau, Russland	12. November 1990
Warschau, Polen	12. August 1991
Budapest, Ungarn	14. Dezember 1991
Brüssel, Belgien	1. Juni 1992
Jakarta, Indonesien	22. April 1993
Taschkent, Usbekistan	30. April 1993
Mexiko-Stadt, Mexiko	1. September 1993
Peking, China	5. April 1994
Tokio, Japan	14. Mai 1994
Buenos Aires, Argentinien	19. Mai 1994
Prag, Tschechien	10. Juni 1995
Windhuk, Namibia	6. Juli 2000
London, Großbritannien	10. Oktober 2000

Grillspass im Grünen

Auch in Berlin liebt man im Sommer das gemütliche Grillen im Freien. In öffentlichen Grün- und Erholungsanlagen stehen den Berlinern folgende Grillplätze zur Verfügung:

Ortsteil	Anlage
Alt-Stralau	Stralauer Halbinsel – Wendenwiese
Friedrichshain	Volkspark Friedrichshain (Kleiner Bunkerberg)
Hohenschönhausen	An der Landmarke – Ahornallee (erreichbar über Hagenower Ring/ Hechtgraben)
Kreuzberg	Görlitzer Park (zwei ausgewiesene Grillflächen)
	Blücherplatz (Wiese zum Waterlooufer)
Lichtenberg	Stadtpark (Nähe Sprühplatte)
	Rudolf-Seiffert-Grünzug (Storkower Straße/ Karl-Lade-Straße)
	Fennpfuhlpark (Nähe Anton-Saefkow-Platz)
Mitte	Monbijoupark (Nähe Oranienburger Straße)
Prenzlauer Berg	Mauerpark und Falkplatz (ganze Fläche außer Spielplätze)
Tiergarten	Großer Tiergarten – Grillgebiet zwischen John-Foster-Dulles-Allee, Großer Querallee, Straße des 17. Juni und Spreeweg
Treptow	Treptower Park (Nähe Insel der Jugend) Schlesischer Busch (Am Flutgraben)
Wilmersdorf	Rudolf-Mosse-Platz (Mecklenburgische Straße)
	Preußenpark (Fläche an der Württembergischen Straße)
Zehlendorf	Ludwigsfelder Straße/Neuruppiner Straße
Zehlendorf Süd	Parkanlage Düppel-Nord (Nähe Schlehdornsteig)

Die 100 wichtigsten Berliner

Die Berliner Morgenpost veröffentlichte am 28. September 2003 das Ergebnis einer Umfrage, an der mehr als 10 000 Leser teilgenommen hatten. Sie sollten entscheiden, wer aus den gegenwärtigen Generationen wichtig für Berlin ist oder Wichtiges für Berlin getan hat. Zuvor hatte die Redaktion in mehreren Ausgaben eine alphabetisch sortierte Vorschlagsliste veröffentlicht. Jedoch waren die Leser bei ihrer Wahl auf diese Liste nicht beschränkt.

Das Ergebnis

1. **Richard von Weizsäcker**
2. Eberhard Diepgen
3. **Klaus Wowereit**
4. Harald Juhnke
5. **Egon Bahr**
6. Brigitte Mira
7. **Roland Hetzer**
8. Sabine Christiansen
9. **Wilhelm von Boddien**
10. Franziska van Almsick
11. **Claudio Abbado**
12. Jenny de la Torre
13. **Hanna-Renate Laurien**
14. Hans Wall
15. **Peter Dussmann**
16. Claudia Pechstein
17. **Heinz Berggruen**
18. Gregor Gysi
19. **Klaus Böger**
20. Ehrhart Körting
21. **Götz George**
22. Artur Brauner
23. **Wolfgang Thierse**
24. Wolfgang Hünnekens

25. **Günter Rexrodt**
26. Erik Zabel
27. **Christoph Stölzl**
28. Reinhard Mey
29. **Dieter Hallervorden**
30. Katharina Thalbach
31. **Wolf Wegener**
32. Jan Ullrich
33. **Barbara John**
34. Nicolas Zimmer
35. **Maybrit Illner**
36. Wolf Jobst Siedler
37. **Peter Hanisch**
38. Nina Hagen
39. **Frank Steffel**
40. Edith Hancke
41. **Heinrich Lummer**
42. Joachim Zeller
43. **Martin Lindner**
44. Heiner Bertram
45. **Klaus Schütz**
46. Manfred Krug
47. **Dr. Motte**
48. Ulla Klingbeil
49. **Renate Künast**
50. Paul Kuhn
51. **Dieter Hoeneß**
52. Otto Sander
53. **Sven Ottke**
54. Werner Gegenbauer
55. **Günter Schabowski**
57. Wolf Biermann
58. **Erich Beer**
59. Udo Walz
60. **Ben Becker**
61. Hartwig Piepenbrock
62. **Armin Mueller-Stahl**
63. Thilo Sarrazin

64. **Max Raabe**
65. Heinz-Georg Klös
66. **Roland Gewalt**
67. Michael Preetz
68. **Ulrich Mühe**
69. Lothar de Maizière
70. **Wolfgang Huber**
71. Marianne Birthler
72. **Farin Urlaub**
73. Rupert Scholz
74. **Martin Kruse**
75. Heidi Hetzer
76. **Karl Kauermann**
77. Hans Christian Ströbele
78. **Martin Paul**
79. Rolf Eden
80. **Brigitte Grothum**
81. Frank Castorf
82. **Monika Grütters**
83. Klaus Bölling
84. **Claus Peymann**
85. Katja Riemann
86. **Wolfgang Joop**
87. Jürgen von der Lippe
88. **Michael Müller**
89. Irina Pabst
90. **Horst Milde**
91. Bernhard Blaszkiewitz
92. **Manfred von Richthofen**
93. Achim Freyer
94. **Christa Wolf**
95. Daniel Brühl
96. **Volker Hassemer**
97. Thomas Häßler
98. **Frank Schöbel**
99. Graciano Rocchigiani
100. **Anita Kupsch**

Berlin im Kriminalroman

Autor	Titel	Jahr
Richard Hey	Mord am Lietzensee	1973
Ulf Miehe	Ich habe noch einen Toten in Berlin	1973
	Lilli Berlin	1976
Pieke Biermann	Potsdamer Ableben	1987
Phillip Kerr	Feuer in Berlin	1995
Buddy Giovinazzo	Potsdamer Platz	2003
Detlef Blettenberg	Berlin Fidschitown	2003
Felix Huby, Ulrich W. Grimm, Eberhard Hungerbühler	Schattenbilder. Van Dyck ermittelt	2003
Frank Goyke	Fersengeld. Die Hübschlerin und der Tod des Kaufmanns	2004
Susanne Goga	Leo Berlin	2005
Ulrich Wegerich	Berliner Blut	2005
Tom Wolf	Goldblond. Verheerende Torheit	2005
Felix Huby und Eberhard Hunger-bühler	Der Heckenschütze. Peter Heilands erster Fall	2005
Petra E. Bauer	Wer zuletzt lacht, lebt noch	2006
Kim Amber	Die Idiotenflüsterin. Ellen Kant und Sebastian Dünow ermitteln	2006
Jan Eik und Helmut Eikerman	Trügerische Feste. Tod im Schatten der Pracht	2006
Volker Kutscher	Der nasse Fisch	2007
Herbert Friedmann	Toter Wedding	2008

Attraktive Single-Stadt

In einer 2007 veröffentlichten, von der Zeitschrift „Max“ in Auftrag gegeben Umfrage stimmten 71 Prozent der befragten 1 302 Deutschen im Alter von 16 bis 49 Jahren der Aussage zu, Berlin sei die lebendigste Stadt Deutschlands. Im Vergleich mit Hamburg und München war die Bundeshauptstadt bei den Umfrageteilnehmern am beliebtesten. 61 Prozent hielten Berlin für die kreativste Metropole. 27 Prozent der Befragten wollten in Berlin zumindest für ein paar Jahre leben.

Allerdings glaubten nur 18 Prozent der Umfrageteilnehmer, dass Menschen in Berlin auch glücklich seien – für Hamburg und München nahmen das 41 Prozent an. Immerhin 56 Prozent der Befragten glaubten aber, Berlin sei für Singles die attraktivste Stadt.

Die Berliner gelten der Umfrage zufolge als multikulturell, weltoffen, tolerant und cool. In Politik, Kultur und Wirtschaft hielten die Befragten Berlin für die Stadt mit den besten Zukunftsaussichten. Allerdings: Die interessantesten Arbeitsplätze erwarteten 50 Prozent in München.

Bei der Popularität des Stadtoberhauptes lag Berlin weit vorn. Klaus Wowereit (SPD) wurde von 78 Prozent der Befragten als Regierender Bürgermeister von Berlin genannt. Hingegen kannten nur 43 Prozent den Namen des Münchner Oberbürgermeisters Christian Ude (SPD) und nur 50 Prozent den von Hamburgs Erstem Bürgermeister Ole von Beust (CDU).

Rundum erneuert

In den Jahren 2000 bis 2004 wurde das Berliner Olympiastadion für die Fußball-Weltmeisterschaft 2006 aufwendig modernisiert. Dabei verbauten Ingenieure rund 17-tausend Tonnen Stahl und 70-tausend Kubikmeter Beton.

In Berlin begrabene Berühmtheiten

Die Bedeutung Berlins als kulturelles, wissenschaftliches und politisches Zentrum zeigt sich auch in der großen Zahl von bedeutenden Personen der Zeitgeschichte, die auf Berlins Friedhöfen ihre letzte Ruhestätte gefunden haben. Die folgende Liste präsentiert nur eine klitzekleine Auswahl.

Dorotheenstädtischer Friedhof (Mitte)

Bertolt Brecht (1898–1956), Dramatiker, Schriftsteller und Regisseur
Johann Gottlieb Fichte (1762–1814), Philosoph
John Heartfild (1891–1968), Grafiker und bildender Künstler
Georg Wilhelm Friedrich Hegel (1770–1831), Philosoph
Heinrich Mann (1871–1950), Schriftsteller
Heiner Müller (1929–1995), Schriftsteller
Karl Friedrich Schinkel (1781–1841), Preußischer Oberlandesbaudirektor
Anna Seghers (1900–1983), Schriftstellerin
Arnold Zweig (1887–1968), Schriftsteller

Kirchhof I der Dreifaltigkeitsgemeinde (Kreuzberg)

Adolph von Menzel (1815–1905), Maler
Theodor Mommsen (1817–1903), Historiker
Friedrich Daniel Ernst Schleiermacher (1768–1834), Evangelischer Theologe und Philosoph
Ludwig Tieck (1773–1853), Dichter

Kirchof II der Dreifaltigkeitsgemeinde (Kreuzberg)

Felix Mendelssohn-Bartholdy (1809–1847), Komponist

Alter Luisenstadt-Kirchhof I (Kreuzberg)

Gustav Stresemann (1878–1929), einer der bedeutendsten Politiker der Weimarer Republik

Alter Kirchhof der St. Matthäus-Gemeinde (Schöneberg)

Ernst Curtius (1814–1896), Archäologe und Philologe
Jacob Ludwig Grimm (1785–1863) und **Wilhelm Carl Grimm** (1786–1859), Herausgeber der „Kinder- und Hausmärchen“

III. Städtischer Friedhof Stubenrauchstraße (Schöneberg)
Marlene Dietrich (1901–1992), Schauspielerin und Sängerin
Helmut Newton (1920–2004), Fotograf

Landeseigener Friedhof (Steglitz)
Otto Lilienthal (1848–1896), Ingenieur und Flugpionier

Kirchhof III der Dreifaltigkeitsgemeinde (Steglitz)
Ulrike Meinhof (1934–1976), Journalistin, später Mitglied der Terrorgruppe Rote Armee Fraktion

Zentralfriedhof Friedrichsfelde (Steglitz)
Friedrich Ebert (1894–1979), Oberbürgermeister von Ostberlin
Otto Grotewohl (1894–1964), Ministerpräsident der DDR
Käthe Kollwitz (1867–1945), Grafikerin und Bildhauerin
Karl Liebknecht (1871–1919), Politiker
Rosa Luxemburg (1870–1919), Politikerin
Wilhelm Pieck (1876–1960), Mitbegründer der KPD, zusammen mit Otto Grotewohl Vorsitzender der SED und Präsident der DDR
Walter Ulbricht (1893–1973), Politiker, Erster Vorsitzender des Staatsrates der DDR

Jüdischer Friedhof (Weißensee)
Samuel Fischer (1859–1934), Verleger

Jüdischer Friedhof (Prenzlauer Berg)
Max Liebermann (1847–1935), Maler

Friedhof Heerstraße (Charlottenburg)
Horst Buchholz (1933–2003), Schauspieler
Curt Götz (188–1960), Schauspieler
Georg Grosz (1893–1959), Maler, Zeichner, Grafiker
Joachim Ringelnatz (1883–1934), Schriftsteller, Kabarettist
Grethe Weiser (1903–1970), Schauspielerin

Friedhof der St. Annen-Gemeinde und Friedhof Dahlem I (Zehlendorf)
Rudi Dutschke (1940–1979), einer der Führer der Studentenbewegung 1967/68

Kirchhof der ev. Kirchengemeinde Berlin-Nikolassee (Zehlendorf)

Axel Cäsar Springer (1912–1985), Verleger von Zeitungen und Zeitschriften

Waldfriedhof Dahlem (Zehlendorf)

Gottfried Benn (1886–1956), Arzt und Dichter

O. E. Hasse (1903–1978) Schauspieler

Karl Schmitt-Rottluff (1884–1976), Maler, Mitbegründer der Künstlergruppe „Die Brücke"

Harald Juhnke (1929–2005), Schauspieler und Entertainer

Waldfriedhof Zehlendorf

Günter Pfitzmann (1924–2003), Schauspieler und Kabarettist

Erwin Piscator (1893–1966), Theaterintendant und Regisseur

Friedhof Wannsee

Hermann von Helmholtz (1821–1894), Physiker und Physiologe

Ferdinand Sauerbruch (1875–1951), Mediziner

Friedhof Pankow III

Hans Fallada (1893–1947), Schriftsteller

Friedhof Pankow IV

Carl von Ossietzky (1889–1938), Schriftsteller und Publizist, gestorben in Folge von Haft im KZ

Südwestkirchhof Stahnsdorf

Lovis Corinth (1858–1925), Maler

Erik Jan Hanussen (1889–1933), Hellseher

Friedrich Wilhelm Murnau (1888–1931), Filmregisseur

Werner von Siemens (1816–1892), Ingenieur und Industrieller

Heinrich Rudolf Zille (1858–1929), Grafiker, Maler, Zeichner

Kirchhof II der Französisch-Reformierten Gemeinde (Wedding)

Theodor Fontane (1819–1898), Apotheker, Journalist, Schriftsteller

Kirchhof II der Dorotheenstädtischen Gemeinde (Wedding)

Paul Busch (1850–1927), Zirkusdirektor und Gründer des Zirkus Busch

Schlusslicht im Wirtschafts-Städteranking

Zum vierten Mal erstellte 2007 die Initiative Neue Soziale Marktwirtschaft (INSM) zusammen mit dem Magazin „WirtschaftsWoche“ ein Ranking der 50 erfolgreichsten Wirtschaftsmetropolen Deutschlands. Dabei schnitt Berlin nicht so gut ab. Sehen Sie selbst:

Rang	Stadt	Punkte
1	München	129,6
2	Stuttgart	120,8
3	Karlsruhe	120,6
4	Münster	119,5
5	Frankfurt	118,8
6	Bonn	118,7
7	Düsseldorf	116,7
8	Dresden	116,7
9	Nürnberg	113,3
10	Wiesbaden	113,0
	…	
50	Berlin	74,7

Berliner System

Das Berliner System ist eine Methode, mit der Korallenriffaquarien betrieben werden. Im Unterschied zu den vorher üblichen, mit toten Korallenstöcken dekorierten reinen Fischaquarien, die keine oder nur wenige wirbellose Tiere enthalten, ermöglicht das Berliner System die Aquarienhaltung von Steinkorallen.

Berliner Testament

Berliner Testament wird ein früher in Berlin häufiges gemeinschaftliches Testament von Eheleuten genannt, in dem sie sich gegenseitig zu Alleinerben einsetzen.

Berliner Phänomen

Das Berliner Phänomen ist eine plötzliche starke Erwärmung der Stratosphäre gegen Ende des Winters, die jedoch nicht regelmäßig auftritt. Erstmals wurde sie 1952 über Berlin beobachtet.

Berliner Stunde

Der Begriff „Berliner Stunde“ bezeichnet die Begrenzung der Redezeiten bei Plenarsitzungen oder Ausschüssen gemäß Abgeordnetenanteilen im Deutschen Bundestag. Die aktuelle Berliner Stunde hat 62 Minuten.

Die Christos verhüllen den Reichstag

Der Künstler Christo und seine Frau Jeanne-Claude planten schon seit Anfang der 1970er-Jahre, das Reichstagsgebäude in Berlin zu verhüllen. Doch erst nach der deutschen Wiedervereinigung 1990 erhielten sie ausreichende Unterstützung durch die Politik. Am 25. Februar 1995 fand im Bundestag eine Abstimmung über das Projekt statt. Ganz knapp stimmten die Abgeordneten für die Verhüllung. Die Aktion, die am 24. Juni 1995 begann, lockte rund fünf Millionen Zuschauer an.

Ergebnis der Abstimmung im Bundestag

Ja	292
Nein	223
Enthaltung	9

Verpackungsmaterial

feuerfestes Polypropylengewebe mit Aluminiumschicht	100 000 m²
blaues Seil, Durchmesser 3,2 cm	15 600 m

Montage

durch	90 gewerbliche Kletterer 120 Montagearbeiter
Beginn der Verhüllung	24. Juni 1995
Beginn des Abbaus	7. Juli 1995

Gedenkstätten

AlliiertenMuseum
Denkmal für die ermordeten Juden Europas
Deutsch-Russisches Museum
Dokumentationszentrum Berliner Mauer
Dokumentationszentrum Topographie des Terrors
Erinnerungsstätte Notaufnahmelager Marienfelde
Forschungs- und Gedenkstätte Normannenstraße
Gedenkstätte Berlin-Hohenschönhausen
Gedenkstätte Deutscher Widerstand
Gedenkstätte Plötzensee
Haus der Wannsee-Konferenz
Zwangsarbeiterlager Berlin-Schöneweide

Friedhof der Märzgefallenen (Friedrichshain)
Im Volkspark Friedrichshain befindet sich die letzte Ruhestätte für die Mehrzahl der am 18. März 1848 bei der Revolution in Berlin erschossenen Aufständischen. Außerdem befinden sich dort 33 Gräber von Opfern der revolutionären Kämpfe 1918.

Alter Kirchhof der St. Matthäus-Gemeinde (Schöneberg)
Auf dem Friedhof befindet sich eine Gedenkstätte für fünf Opfer des Nationalsozialismus, die an dem gescheiterten Hitler-Attentat vom 20. Juli 1944 beteiligt waren. Es handelt sich um:

Claus Schenk Graf von Stauffenberg
Ludwig Beck
Friedrich Olbricht
Albrecht Merz von Quirnheim
Werner von Haeften

Urnenfriedhof Seestraße (Wedding)
Ehrengräber für sechs Männer, die am 17. Juni 1953 beim Arbeiteraufstand in Ostberlin den Tod fanden.

Gedächtnis aus Stein

Das Holocaust-Mahnmal in der Nähe des Brandenburger Tores – das Stelenfeld mit 2 711 Betonquadern in parallelen Reihen ist Tag und Nacht zugänglich

Bekannte Berliner Fussballspieler

Alex Alves, Hertha BSC

Sergej Barbarez, Union Berlin

Mario Basler, Hertha BSC

Erich Beer, „Ete“, Hertha BSC

Stefan Beinlich, „Paule“, Hertha BSC

Fredi Bobic, Hertha BSC

Franz Brungs, Hertha BSC

Sebastian Deisler, Hertha BSC

Hans Eder, „Justav“, Hertha BSC

Rainer Ernst, Dynamo Berlin

Wolfgang Fahrian, Hertha BSC

Falko Götz, Hertha BSC

Gerhard Grau, Hertha BSC

Karl-Heinz Granitza, Hertha BSC

Lothar Groß, „Wanze“, Hertha BSC

Thomas Häßler, Meteor 06 Berlin, Reinickendorfer Füchse

Karsten Heine, Union Berlin

Thomas Helmer, Hertha BSC

Lutz Hendel, Union Berlin

Sepp Herberger, Tennis Borussia Berlin

Erwin Hermandung, Hertha BSC

Günter Hoge, Union Berlin

Walter Junghans, Hertha BSC

Robert Kovac, SC Rapide Wedding, Hertha Zehlendorf

Gábor Király, Hertha BSC

Axel Kruse, Hertha BSC

Wolfgang Kleff, Hertha BSC

Uwe Kliemann, „Funkturm", Hertha BSC

Andreas Köpke, Hertha BSC

Pierre Litbarski, Vfl Schöneberg, Hertha Zehlendorf

Marcelinho, Hertha BSC

Ludwig Müller, „Luggi", Hertha BSC

Wolf-Rüdiger Netz, Dynamo Berlin

Andreas Neuendorf, „Zecke", Hertha BSC

Frank Pastor, Dynamo Berlin

Bernd Patzke, Hertha BSC

Martin Pieckenhagen, Union Berlin, Tennis Borussia

Michael Preetz, „Micha", Langer, Hertha BSC

Otto Rehhagel, Hertha BSC

Marko Rehmer, Union Berlin, Hertha BSC

Hans-Jürgen Riediger, Dynamo Berlin

Karl-Heinz Schnellinger, Tennis Borussia Berlin

Wolfgang Sidka, Hertha BSC

Johannes Sobek, „Hanne", Hertha BSC

Arno Steffenhagen, Hertha BSC

Michael Sziedat, Hertha BSC

Andreas Thom, BFC Dynamo Berlin, Hertha BSC

Zoltán Varga, Hertha BSC

Hans Weiner, „Hanne", Hertha BSC

Horst Wolter, Hertha BSC

Dariusz Wosz, Hertha BSC

Thomas Zander, Hertha BSC

Christian Ziege, FC Südstern 08 Berlin, TSV Rudow Berlin, Hertha Zehlendorf

Clubbing

Berlin ist eine Stadt ohne Sperrstunde und bietet das vielseitigste Nachtleben Deutschlands. Hier gibt es keinen Musikgeschmack, der nicht täglich live auf seine Kosten kommt. Ein Streifzug durch die Nightlife-Szene der Hauptstadt kann unter anderem durch folgende Clubs führen:

2BE
40 Seconds
90 Grad
Abraxas
Bar 25
Berghain
Big Eden
Black Girls Coalition
Bohannon Club
Cassiopeia
Café Moskau
Club 103
Connection
Delicious Doughnuts
Die 2
Grüner Salon
Icon
Kaffee Burger
Kapital
Knaack
Maria am Ufer
Matrix
Mudd Club
Narva Lounge
NBI
Oxymoron
Pax Studio
Polar.TV
Privatclub
Pulp Mansion
Puro
Raumklang
Rio
Rosis
Roter Salon
Sage Club
Schwuz
SO36
Sophienclub
Tresor
Trompete
Watergate
Week-End
WMF

Berliner Fussballvereine im Endspiel um die Deutsche Fussballmeisterschaft

Jahr	Endspielgegner		Ergebnis
1905	**Union 92 Berlin**	Karlsruher FV	2:0
1907	Freiburger FC	**Viktoria 89 Berlin**	3:1
1908	**Viktoria 89 Berlin**	Stuttgarter Kickers	3:0
1909	Phönix Karlsruhe	**Viktoria 89 Berlin**	4:2
1911	**Viktoria 89 Berlin**	VfB Leipzig	3:1
1921	1. FC Nürnberg	**Vorwärts Berlin**	5:0
1923	Hamburger SV	**Union Oberschöneweide**	3:0
1926	Spielvereinigung Fürth	**Hertha BSC Berlin**	4:1
1927	1. FC Nürnberg	**Hertha BSC Berlin**	2:0
1928	Hamburger SV	**Hertha BSC Berlin**	5:2
1929	Spielvereinigung Fürth	**Hertha BSC Berlin**	3:2
1930	**Hertha BSC Berlin**	Holstein Kiel	5:4
1931	**Hertha BSC Berlin**	TSV 1860 München	3:2

Berliner Fussballvereine in der Ersten Bundesliga

Saison	Verein	Platzierung	Bester Torschütze
1963/64	Hertha BSC	14.	Helmut Faeder (9)
1964/65	Hertha BSC	14.	Michael Krampitz (8)
1965/66	Tasmania 1900 Berlin	18.	
1968/69	Hertha BSC	14.	Franz Brungs (7)
1969/70	Hertha BSC	3.	Franz Brungs (15)
1970/71	Hertha BSC	3.	Lorenz Horr (20)
1971/72	Hertha BSC	6.	Lorenz Horr (11)
1972/73	Hertha BSC	13.	Lorenz Horr (12)
1973/74	Hertha BSC	8.	Erwin Hermandung (11)
1974/75	Hertha BSC	2.	Erich Beer
	Tennis Borussia Berlin	17.	
1975/76	Hertha BSC	11.	Erich Beer (23)
1976/77	Hertha BSC	10.	Karl-Heinz Granitza (15)
	Tennis Borussia Berlin	17.	
1977/78	Hertha BSC	3.	Karl-Heinz Granitza (17)

1978/79	Hertha BSC	14.	Erich Beer (12)
1979/80	Hertha BSC	16.	Henrik Agerbeck (9)
1982/83	Hertha BSC	18.	Thomas Remark (9)
1986/87	Blau Weiß 90 Berlin	18.	
1990/91	Hertha BSC	18.	Theo Gries, Sven Kretschmer (je 6)
1997/98	Hertha BSC	11.	Michael Preetz (14)
1998/99	Hertha BSC	3.	Michael Preetz (23)
1999/00	Hertha BSC	6.	Michael Preetz (12)
2000/01	Hertha BSC	5.	Michael Preetz (16)
2001/02	Hertha BSC	4.	Marcelinho (13)
2002/03	Hertha BSC	5.	Marcelinho (14)
2003/04	Hertha BSC	12.	Fredi Bobic (8)
2004/05	Hertha BSC	4.	Marcelinho (18)
2005/06	Hertha BSC	6.	Marcelinho (12)
2006/07	Hertha BSC	10.	Marko Pantelic (14)

Gemaltes Berlin

Johann Georg Rosenberg: Der Cöllnische Fischmarkt mit dem Cöllnischen Rathaus (Kupferstich), 1785

Johann Friedrich Fechhelm: Wachparade auf dem Schlossplatz, 1786

Friedrich August Calau: Alt-Berliner Ansichten, um 1825

Johann Erdmann Hummel: Granitschale im Lustgarten, 1831

Adolph von Menzel: Kreuzberg, nahe Berlin, 1847

Adolph von Menzel: Berliner Hinterhäuser im Schnee, 1847

Adolph von Menzel: Friedrichsgracht bei Mondschein, 1847

Eduard Gaertner: Unter den Linden, 1852

Eduard Gaertner: Unter den Linden mit Oper, 1853

Franz Skarbina: Am Schlesischen Tor, 1894

Max Liebermann: Blick auf den Tiergarten, 1900

Max Liebermann: Unter den Linden, 1900

Ernst Ludwig Kirchner: Rotes Elisabethufer in Berlin, 1912

Willi Jäckel: Im Romanischen Kaffe, 1912

Lovis Corinth: Berlin, Unter den Linden, 1922

Lesser Ury: Nollendorfplatz bei Nacht, 1925

Rainer Sebald: Berliner Dom mit Schlossbrücke, 2007

Für Glühweinfreunde

Weihnachtsmarkt City, Breitscheidtplatz/Kaiser-Wilhelm-Gedächtniskirche (Charlottenburg)

Weihnachtsmarkt vor dem Schloss Charlottenburg, Spandauer Damm (Charlottenburg)

Chanukka Markt, Jüdisches Museum, Lindenstraße 9–14 (Kreuzberg)

Weihnachtsmarkt auf dem Alexanderplatz, Alexanderplatz (Mitte)

Weihnachtszauber auf dem Gendarmenmarkt, Gendarmenmarkt (Mitte)

Weihnachtsmarkt am Opernpalais, Unter den Linden (Mitte)

Winterwelt Potsdamer Platz, Potsdamer Platz (Mitte)

Weihnachtsmarkt Mitte, Schlossplatz (Mitte)

Weihnachtsmarkt im SonyCenter, SonyCenter, Potsdamer Platz (Mitte)

Alt-Rixdorfer Weihnachtsmarkt, jeweils am zweiten Adventswochenende, Richardplatz 28 (Neukölln)

Lucia-Weihnachtsmarkt im Hof der Kulturbrauerei, Schönhauser Allee 36 (Prenzlauer Berg)

Weihnachtsmarkt Alt-Köpenick, Altstadt Köpenick (Köpenick)

WinterPride – Der schwullesbische Wintermarkt, Nollendorfplatz (Schöneberg)

Weihnachtsmarkt in der Spandauer Altstadt, Altstadt (Spandau)

Touristenmagnet Berlin

Im Jahr 2007 kamen rund 7,59 Millionen Gäste nach Berlin; die Zahl der Übernachtungen betrug 17,29 Millionen. Damit wurde zum vierten Mal hintereinander ein neuer Rekord aufgestellt.

Beherbergungsstätten	Übernachtungen
Hotels	9 617 565
Hotels garnis	4 707 017
Gasthöfe	20 339
Pensionen	246 953
Übrige Beherbergungsstätten	2 693 963
Insgesamt	*17 285 837*

	Gäste	Übernachtungen
Inland	5 029 588	10 671 866
Ausland	2 555 439	6 613 971
darunter:		
Großbritannien	324 044	794 195
USA	228 870	597 753
Italien	206 432	589 009
Niederlande	206 135	552 040
Spanien	183 162	544 113
Dänemark	145 163	390 470
Schweiz	127 812	314 327
Frankreich	116 890	288 997
Österreich	81 886	193 287
Schweden	78 580	187 473

Quelle: Amt für Statistik Berlin Brandenburg

Die längste Open-Air-Galerie der Welt

Im Frühjahr 1990 bemalten 118 Künstler aus 21 Ländern ein 1 316 Meter langes Stück der Berliner Mauer zwischen dem Berliner Ostbahnhof und der Oberbaumbrücke entlang der Spree: die East Side Gallery

Hip-Hop-Hochburg

Spätestens seit die Rapper vom Berliner Label „Aggro Berlin" mit ihren aggressiven Texten für skandalträchtige Aufmerksamkeit sorgen, kennt eine breite Öffentlichkeit den Hip-Hop aus der Hauptstadt. Die Berliner Szene hat jedoch sehr viel mehr zu bieten als das Spiel mit Gangsta-Rap-Klischees.

Eine kleine Auswahl Berliner Hip-Hop-Musiker

Alles ist die Sekte	Alpa Gun	**am$_2$pm**
Bass Sultan Hengzt	**Beatfabrik**	Bektas
Berlins Most Wanted – BMW	Big Derill Mack	**B-Lash**
Boba Fettt	**B-Tight**	Bushido
Cartel (Hip-Hop)	Colos	**Conna**
Corus 86	**D-Bo**	Dean Dawson
Deso Dogg	Deine Lieblings Rapper	**Die 3. Generation**
D-Irie	**DJ Desue**	DJ Ilan
DJ Manny Marc	DJ Reckless	**Dra-Q**
Fler	**Flexevil**	Frauenarzt
Fuat	Fumanschu	**G-Hot**
Godsilla	**Greckoe**	Grüne Medizin

Harris	Hecklah & Coch	**Icke & Er**
Islamic Force	**Jack Orsen**	Joe Rilla
Justus	Kaisa	**Kalusha**
Keyza Soze	**Kid Kobra**	Killa Hakan
King Orgasmus One	K.I.Z.	**König Quasi**
Kool Savas	Lisi	**Lucry**
Mach One	**Massiv**	Masters of Rap
MC Basstard	MC Bogy	**Meyah Don**
Mike Fiction	**Moabeat**	MOK
Mr. Long	Ohrbooten	**P. R. Kantate**
Pilskills	**Prinz Pi**	Puppetmastaz
Rhymin Simon	Sentino	**Sera Finale**
Serk	**Sha-Karl**	She-Raw
Shizoe	Siamak	**Sido**
Smoky	**Sookee**	Taichi
Taktloss	Trooper Da Don	**Ünal Yüksel**
Vokalmatador	**Westberlin Maskulin**	Woroc

Die 50 häufigsten Berliner Nachnamen

	Berlin		Deutschland	
1.	Schmidt	15 072	Müller	455 182
2.	Müller	13 352	Schmidt	417 216
3.	Schulz	7 128	Schneider	218 296
4.	Schneider	4 575	Fischer	178 275
5.	Lange	4 547	Meyer	164 499
6.	Meyer	4 266	Weber	161 698
7.	Fischer	3 717	Becker	149 906
8.	Herrmann	3 594	Wagner	144 325
9.	Weber	3 565	Schulz	136 455
10.	Schröder	3 488	Herrmann	135 079
11.	Krüger	3 426	Schäfer	117 262
12.	Bauer	3 241	Bauer	116 780
13.	Neumann	3 236	Koch	111 363
14.	Becker	3 003	Richter	105 382
15.	Köhler	2 651	Klein	104 958
16.	Calis	2 585	Wolf	98 900
17.	Koch	2 565	Schröder	91 955
18.	Wagner	2 546	Neumann	90 074
19.	Richter	2 510	Zimmermann	83 900
20.	Lehmann	2 508	Krüger	79 431
21.	Schwarz	2 289	Hoffmann	78 656
22.	Krause	2 241	Braun	78 233
23.	Werner	2 233	Schmitz	76 664
24.	Möller	2 078	Schmitt	76 661
25.	Meier	2 032	Hartmann	75 620
26.	Hoffmann	1 982	Lange	73 494

27.	Braun	1 878	Krause	72 652
28.	Schulze	1 855	Schmid	72 477
29.	Sommer	1 826	Werner	72 426
30.	Wolf	1 714	Schwarz	71 119
31.	Berg	1 696	Meier	67 611
32.	Scholz	1 694	Lehmann	65 580
33.	Mayer	1 693	Köhler	65 249
34.	Stein	1 686	Schulze	64 837
35.	Zimmermann	1 558	Maier	62 261
36.	Klein	1 489	Walter	62 212
37.	Berger	1 481	Huber	62 032
38.	Schäfer	1 473	Mayer	60 139
39.	Weiß	1 417	Kaiser	59 834
40.	Schmid	1 400	Peters	58 410
41.	Marx	1 378	Weiß	56 268
42.	Schumacher	1 234	Möller	55 601
	Paul	1 234	Peter	54 062
	Otto	1 234	Frank	49 773
45.	Günther	1 232	Koenig	48 340
46.	Voigt	1 230	Sommer	48 063
47.	Wegner	1 228	Stein	47 114
	Beck	1 228	Winter	47 032
49.	Berlin	1 226	Berger	46 375
	Friedrich	1 226	Hansen	45 027

Schmidt

Der Humboldt-Universität verbundene Nobelpreisträger

Jacobus Henricus van't Hoff (1852–1911)

1896–1911 Honorarprofessor für Chemie

1901 Nobelpreis für Chemie für seine Forschungen über die Gesetze der chemischen Dynamik und des osmotischen Drucks

Emil Fischer (1852–1919)

1892–1919 Professor für Chemie und Direktor des I. Chemischen Instituts

1902 Nobelpreis für Chemie für seine Zucker- und Purinarbeiten

Adolf von Bayer (1835–1917)

1859/60 Privatdozent an der Gewerbeakademie Berlin

1866–1872 außerordentlicher Professor

1905 Nobelpreis für Chemie für seine Entdeckungen in der Farbstoffchemie

Eduard Buchner (1860–1917)

1898–1909 Professor für Chemie an der Landwirtschaftlichen Hochschule Berlin (1934 als Fakultät in die Universität eingegliedert)

1907 Nobelpreis für Chemie für die Entdeckung der zellfreien Gärung

Richard Willstätter (1872–1942)

1912–1916 Honorarprofessor für Chemie

1915 Nobelpreis für Chemie für seine Arbeiten über pflanzliche Pigmentstoffe

Fritz Haber (1868–1934)

1906 Professor

1912–1920 Honorarprofessor für Physikalische Chemie

1920–1933 ordentlicher Professor

1918 Nobelpreis für Chemie für seine Entwicklung der Ammoniaksynthese

Walther Nernst (1864–1941)

1905–1932 Professor für Physik

1925–1932 Direktor des Instituts für Physik

1921/22 Rektor

1920 Nobelpreis für Chemie für seine Arbeiten auf dem Gebiet der Thermodynamik

Peter Debye (1884–1966)

1935–1939 Professor für Physik

1936 Nobelpreis für Chemie für seine Arbeiten über Kristallphysik, Quantentheorie, elektrische Leitfähigkeit von Flüssigkeiten, spezifische Wärmekapazität, Dipoltheorie

Adolf Butenandt (1903–1995)

1938–1944 Honorarprofessor für Biochemie

1939 Nobelpreis für Chemie für die Erforschung der Keimdrüsenhormone

Otto Hahn (1879–1968)

1907–1910 Privatdozent

1910–1934 außerordentlicher Professor für Physikalische Chemie

1944 Nobelpreis für Chemie für die Entdeckung der Kernspaltung des Urans

Otto Diels (1876–1954)

1904–1914 Privatdozent

1914–1916 außerordentlicher Professor für organische Chemie

1950 Nobelpreis für Chemie (gemeinsam mit seinem Schüler Kurt Alder) für die Erforschung der für die Synthese carbozyklischer Verbindungen wichtigen Diesynthese

Wilhelm Wien (1864–1928)

1892–1896 Privatdozent für Physik

1911 Nobelpreis für Physik für die Arbeiten zur Wärmestrahlung und für die auf dieser Grundlage gewonnene Formulierung eines Strahlungsgesetzes und des sogenannten Verschiebungssatzes

Max von Laue (1879–1960)

1902–1903 Student an der Berliner Friedrich-Wilhelms-Universität
1906–1909 Privatdozent
1919–1943 Professor für Theoretische Physik
1914 Nobelpreis für Physik für die Entdeckung und Deutung der Röntgenstrahl-Interferenzen

Max Planck (1858–1947)

1889–1892 außerordentlicher Professor für Physik
1892–1926 Professor für Theoretische Physik
1913/14 Rektor
1918 Nobelpreis für Physik für die Entdeckung des Wirkungsquantums

Albert Einstein (1879–1955)

1913–1933 Mitglied der Akademie der Wissenschaften/Lesendes Akademiemitglied
Einstein hielt Vorlesungen und Seminare zu verschiedenen Themen vom Sommersemester 1915 bis zum Wintersemester 1928/29
1921 Nobelpreis für Physik für die Deutung des lichtelektrischen Effektes durch die Lichtquantenhypothese

Gustav Hertz (1887–1975)

1917–1925 Privatdozent für Physik
1925 Nobelpreis für Physik für seine Elektronenstrahlexperimente (gemeinsam mit James Franck)

James Franck (1882–1964)

1903–1906 Student an der Berliner Friedrich-Wilhelms-Universität
1911–1916 Privatdozent für Physik
1916–1920 Professor für Physik, gleichzeitig Abteilungsleiter am Institut für Physikalische Chemie der Kaiser-Wilhelm-Gesellschaft
1925 Nobelpreis für Physik für seine Elektronenstrahlexperimente (gemeinsam mit Gustav Hertz)

Werner Heisenberg (1901–1976)

1943–1945 Professor für Theoretische Physik

1932 Nobelpreis für Physik für das nach ihm benannte Unbestimmtheitsprinzip

Erwin Schroedinger (1887–1961)

1910–1913 Privatdozent

1916–1920 Professor für Mathematik

1927–1933 Professor für Theoretische Physik

1933 entpflichtet, 1937 emeritiert und nach England emigriert

1933 Nobelpreis für Physik für seine Arbeiten auf dem Gebiet der Wellenmechanik

Walter Bothe (1881–1957)

1925–1929 Privatdozent

1929/30 außerordentlicher Professor für Physik

1954 Nobelpreis für Physik für die Untersuchungen über die Gültigkeit des Energiesatzes bei elementaren Strahlungsvorgängen

Max Born (1882–1970)

1915–1919 außerordentlicher Professor für Physik

1954 Nobelpreis für Physik für die Erarbeitung der Grundlagen der Quantenmechanik

Emil von Behring (1854–1917)

Ausbildung am Berliner militärärztlichen Institut „Pépinière“

1889–1894 Mitarbeiter von Robert Koch am Berliner Institut für Infektionskrankheiten

1901 Nobelpreis für Medizin für die Entwicklung eines Diphtherie-Heilmittels

Robert Koch (1843–1910)

1885–1910 Professor für Innere Medizin und Hygiene

1885 Direktor des Institutes für Hygiene

1891 Direktor des Institutes für Infektionskrankheiten

1905 Nobelpreis für Medizin für seine Entdeckung der Erreger von Infektionskrankheiten

Paul Ehrlich (1854–1915)

1887–1890 Privatdozent

1890–1899 außerordentlicher Professor für Serologie

1908 Nobelpreis für Medizin für die Entwicklung des Salvarsans als Heilmittel gegen die Syphillis (gemeinsam mit dem Japaner Sahachiro Hata)

Albrecht Kossel (1853–1927)

1883–1887 Privatdozent

1887–1895 außerordentlicher Professor für Physiologie und Anatomie

1910 Nobelpreis für Medizin für seine Arbeiten über Nukleinsäuren

Otto Warburg (1883–1970)

1914–1921 Privatdozent

1921–1923 außerordentlicher Professor für Physiologie

1931 Nobelpreis für Medizin für seine Arbeiten zur Aufklärung der Zellatmung und der Gärungsprozesse

Hans Speman (1869–1941)

1914–1929 Honorarprofessor für Zoologie

1935 Nobelpreis für Medizin für seine Arbeiten zur experimentellen Entwicklungsphysiologie

Werner Forssmann (1904–1979)

1929/30 Volontärassistent in der Klinik von Professor Sauerbruch an der Charité, in der er den Herzkatheterselbstversuch unternahm

Ehrendoktor der Medizinischen Fakultät der Humboldt-Universität 1977

1956 Nobelpreis für Medizin für seine Arbeit zur Herzkatheterisierung

Theodor Mommsen (1817–1903)

1861–1903 Professor für alte Geschichte

1874/75 Rektor

1902 Nobelpreis für Literatur für seine Quelleneditionen und Arbeiten zur römischen Geschichte und Rechtsgeschichte

Hauptstadt grosser Geister

Albert Einstein lebte und lehrte von 1914 bis 1932 in Berlin. 1916 vollendete er hier seinen größten Geniestreich, die allgemeine Relativitätstheorie

Berliner Unterwelten

Brauereikeller, Luftschutzanlagen, Rohrpost: Für die Berliner gab es im Lauf der Geschichte immer wieder gute Gründe, in den Untergrund zu gehen. An folgenden Orten erhält man einen Einblick in die unterirdische Infrastruktur der Stadt:

Hohenzollerngruft im Berliner Dom

Brauerei Königstadt

Der Schultheiß-Keller

Tiefbunker am Gesundbrunnen

Kanalisation

Wasserspeicher Prenzlauer Berg

Ehemalige Rohrpostzentrale

Unterhalb des Flughafens Tempelhof

Gedenkstätte Hohenschönhausen

Zivilschutzanlagen in Wedding

CIA-Spionagetunnel

Zivilschutzanlage im Rahmen von „Story of Berlin“

Verbindung zwischen den Gebäuden des Auswärtigen Amtes

Areale unter dem Potsdamer Platz

Führungen in die nicht immer zugänglichen unterirdischen Areale bietet der Verein „Berliner Unterwelten“ (www.berliner-unterwelten.de) an.

Grösster Kreuzungsbahnhof Europas

Am 28. Mai 2006 wurde in Moabit auf dem Gelände des einstigen Lehrter Bahnhofs der neue Berliner Hauptbahnhof in Betrieb genommen. Der von dem Architekten Meinhard von Gerkan entworfene Etagenbahnhof ist der größte Kreuzungsbahnhof Europas.

Daten und Zahlen

70 000 m² Geschossfläche

500 000 m² Beton

85 000 t Stahl

27 200 m² Glasfläche

1 700 m² Solardachfläche

Täglich halten 1 100 Züge
davon 165 Fernzüge
315 Regionalbahnen
615 S-Bahnen

54 Rolltreppen

25 m Höhenunterschied beim Umsteigen

80 Läden

6 Panoramaaufzüge für je 40 Personen

203 Videokameras

900 Stellplätze für Pkws

Berlin spielt in der ersten Liga

In der Saison 2007/08 gab es in 32 Sportarten einen Berliner Verein, der in der jeweils höchsten Leistungsklasse vertreten war. Insgesamt 81 Berliner Mannschaften spielten in der ersten Liga.

Herren

AFC Berlin Adler	American Football
ALBA Berlin	Basketball
BSV Snooker	Billard
Hertha BSC/Boxring Berlin	Boxen
Eisbären Berlin	Eishockey
Berliner Schlittschuh-Club	Eisstockschießen
VfK Berlin	Faustball – Halle
Hertha BSC Berlin	Fußball
Berliner TSC	Gewichtheben
Athletik-Club Heros	Gewichtheben
Reinickendorfer Füchse	Handball
Berliner Hockey-Club	Hockey – Feld
Berliner Hockey-Club	Hockey – Halle
TuS Lichterfelde	Hockey – Halle
SV Zehlendorfer Wespen	Hockey – Halle
SC Charlottenburg	Hockey – Halle
Mariendorfer SC	Hockey – Halle
SC Berlin	Judo
SV Georg Knorr	Judo
Kajak-Club Nord-West 1925	Kanupolo
SKC Kleeblatt Berlin	Kegeln – Classic
Rot-Weiss-VGK 1912 Berlin	Kegeln – Bohle
BSC Kraftwerk	Kegeln – Bowling
TSV Marienfelde 1890	Prellball

Team AKUD-Rose – RV 1888	Radsport
RC Charlottenburg	Radsport
Radteam KED Bianchi – Berliner TSC	Radsport
Türkischer Ringerverein 1981	Ringen
Berliner Rugby Club	Rugby
Schachfreunde Berlin 1903	Schach
Schach-Club Kreuzberg	Schach
Schachclub König Tegel	Schach
SG Neukölln Berlin	Schwimmen
Berliner Unterwasser Rugby	Unterwasserrugby
Sporttaucher	Unterwasserrugby
SSC Berlin	Volleyball
SG Neukölln Berlin	Wasserball
Wasserfreunde Spandau 04	Wasserball
SC Wedding	Wasserball

Damen

Pro Sport Berlin 24 – Kobra Ladies	American Football
OSC Berlin	Eishockey
Berliner Schlittschuhclub/Steglitzer Tennis-Club	Eisstockschießen
Berliner Eisstock-Club/Eissportverein Belzig	Eisstockschießen
BSV 92	Eisstockschießen
Steglitzer Tennis-Klub/BTC Rot-Gold	Eisstockschießen
Turngemeinde in Berlin	Faustball – Feld
VfK Berlin	Faustball – Feld
Turngemeinde in Berlin	Faustball – Halle
Golf- und Land-Club Berlin-Wannsee	Golf
Berliner Hockey-Club	Hockey – Feld
TuS Lichterfelde	Hockey – Feld
Berliner Hockey-Club	Hockey – Halle
TuS Lichterfelde	Hockey – Halle
SV Zehlendorfer Wespen	Hockey – Halle

TSV Zehlendorf 88	Hockey – Halle
SC Charlottenburg	Hockey – Halle
TC Blau-Weiß	Hockey – Halle
SC Berlin	Judo
Rot-Weiss-VGK 1912 Berlin	Kegeln – Bohle
SpG. Spandau	Kegeln – Bohle
SpG FE 27 Spandau/NSF Berlin	Kegeln – Bohle
Neuköllner Sportfreunde	Kegeln – Bowling
BSC Kraftwerk	Kegeln – Bowling
Getränke Hoffmann – RG Zugvogel	Radsport
Team Feminin – RG Charlottenburg	Radsport
Schachclub Rotation Pankow	Schach
SG Neukölln Berlin	Schwimmen
LTTC Rot-Weiss	Tennis
3 B Berlin Tischtennis	Tischtennis
TuS Neukölln	Triathlon
Tauchsportclub Berlin	Unterwasserrugby
Köpenicker SC	Volleyball
Zürich Team VC Olympia	Volleyball
SG Neukölln Berlin	Wasserball

Gemischte Mannschaften

SG Empor Brandenburger Tor 1952	Badminton
SG Bergmann Borsig	Bogenschießen
Bau-Union Berlin	Bogenschießen
The Vikings Dartclub Berlin e. V.	Dart
OTK Schwarz-Weiß 1922 im SC Siemensstadt	Formationstanzen – Standard
TC Blau Weiß Berlin	Formationstanzen – Standard
Golf- und Land-Club Berlin-Wannsee	Golf
PSV Olympia „Adlershofer Füchse“	Schießen – Pistole

Goodbye, Berlin

Von Berlin nach ...	Entfernung über Autobahn (km)	Fahrtzeit im Durchschnitt (h)	Fahrtzeit mit dem Zug (h)
national			
... Dresden	193	2:11	2:09
... Usedom	201	3.03	2:55
... Hamburg	280	2:45	1:39
... Frankfurt	548	5:04	4:23
... Köln	574	5:22	4:41
... München	587	5:28	5:46
... Stuttgart	650	6:09	5:34
international			
... Warschau	589	7:33	6:06
... Amsterdam	657	6:11	8:44
... Wien	703	6:30	9:17
... Brüssel	761	7:08	7:13
... Zürich	857	7:59	11:23
... Budapest	923	9:11	11:46
... Paris	1 051	9:41	8:18
... London	1 087	11:51	10:05
... Nizza	1 345	13:00	14:39
... Rom	1 510	13:40	17:32
... Moskau	1 846	25:32	30:15
... Madrid	2 333	21:25	25:50
... Lissabon	2 803	25:50	31:30

Gute Aussichten

Fernsehturm, am Alexanderplatz (Mitte)
Aussichtsplattform in 203 Meter Höhe

Funkturm, am Hammarskjödplatz (Charlottenburg)
Aussichtsplattform in 126 Meter Höhe

Aussichtsplattform Panoramapunkt, Potsdamer Platz 1 (Tiergarten)
Aussichtsplattform in 100 Meter Höhe auf der 24. und 25. Etage des Kollhof-Towers.

Glockenturm, am Olympiastadion (Charlottenburg)
Aussichtsplattform in 77 Meter Höhe

Siegessäule, Großer Stern (Tiergarten)
Aussichtsplattform in 48 Meter Höhe

Reichstag, Platz der Republik (Tiergarten)
Aussichtsplattform in der Kuppel in ca. 41 Meter Höhe

Französischer Dom, Gendarmenmarkt (Mitte)
Aussichtsplattform in 55 Meter Höhe

Europa-Center, Tauentzienstraße (Charlottenburg)
Panoramablick im Club „Puro – Sky Lounge Berlin" im 20. Stock auf 100 Meter Höhe

Grunewaldturm, an der Havelchaussee (Grunewald)
56 Meter hoher Turm auf dem 79 Meter hohen Karlsberg (Der Turm wurde im Oktober 2007 aus Sicherheitsgründen gesperrt.)

Müggelturm, Aussichtsplattform von 30 Meter Höhe auf den Müggelbergen
(Der Turm befindet sich in einem maroden Zustand. Der Förderverein Müggelturm e. V. bemüht sich um die Sanierung.)

Teufelsberg, am nördlichen Rand des Grunewalds gelegen, bietet der Teufelsberg einen Blick über den Grunewald und die angrenzenden Stadtgebiete

Der Berliner Fernsehturm ist mit 368 Metern das höchste Bauwerk Deutschlands

Zum Schluss und in eigener Sache

Trotz der sorgfältigsten Recherche kommt es manchmal leider vor, dass eine Zahl verdreht wird oder eine Zusammenstellung etwas irreführend gerät. Auch sagen drei verschiedene Quellen zur gleichen Sache von Zeit zu Zeit dreifach Verschiedenes und man muss sich für eine Version entscheiden.

Bei allen, die es besser wissen, entschuldigt sich der Autor hiermit für mögliche Irrtümer. Und bei allen anderen, die es gar nicht gemerkt haben, natürlich auch.